保健委員会は私の教室

子どもが育ち 養護教諭が育ち
学校が変わる

企画
全国養護教諭サークル協議会
著
徳本妙子／藤本恵子／玉谷幸子
竹野内さくら／石田法子

農文協

目次

第4章　思春期のむずかしい人間関係に文化祭の発表でエールを

——ストレスと心の健康、そしてAさんのこと【中学校】……161

今、なぜ、保健委員会活動が大切なのか

友定　保博（山口大学教育学部教授）

〈つなぐ〜心とからだ・人と人〜未来へ〉

これは、二〇〇三年の第三十三回全国養護教諭サークル協議会（全養サ）山口研究集会に掲げたもので、子どもたちや学校・教師のおかれている厳しい教育現実のなかで、養護教諭として考えなければならないこと、実践していく方向への想いを託したテーマです。その取り組みの一部は、『保健室』誌の山口研究集会直前号（一〇六号）において、「山口の実践から学ぶ」を特集していただき報告しました。そして今回、保健委員会活動に関する山口県養護教諭の教育実践を一冊の本として刊行できました。地域で三〇年間ともに学び合ってきた一人として心から喜ぶとともに、多くの人に読んでいただきたいと思います。ここでは五本の実践報告とかかわらせて、今、なぜ保健委員会活動が大切なのかを述べることで、本書の推薦文とします。

養護教諭にとっての保健委員会活動の指導

養護教諭の保健指導のなかでも私が保健委員会活動を重視してきたのは、二つの願いからです。

①養護教諭が直接的・計画的・継続的に指導できる集団であり、子どもたちの「保健の自治能力」を育てる機会となること

②委員会活動では、さまざまな指導内容、そして手段・方法等が必要であり、養護教諭の総合的力量を育てる機会となること

この二つの願いを合わせて実現することが、保健委員会活動の指導には必要です。①の願いをもたない委員会活動は、活動の過程での子どもの成長・発達への意識が弱くなり、上手に子どもを動かすための指導中心の、いわゆる下請的作業になります。②の願いをもたない委員会活動は、活動の成果をあげるための指導中心の、いわゆる活動主義になります。

これらにかかわる点を本書から紹介してみましょう。玉谷報告（第3章）における「教える」から「育てる」へという視点の転換は、実践の初めの一歩として大切です。「子どもを育てたいという思いで接してきたら、自分自身が育てられていたように思います」と振り返っています。「育てる」ためのはたらきかけは一方向ではないし、さらには子どもからのはたらき返しを受けとる力量が必要となります。集団のなかで推移する応答関係を大切にすることにより、子どもの育ちの過程をみることができるのです。

また、徳本報告（第1章）などにみられる「結果より過程に注目すること」も同様な意味をもち、活動の成果や活動内容・方法のみに注目していると、たとえ六人の保健委員であっても、一人ひとりの子どもの姿が見えなくなります。保健委員会活動の場では子どもどうしがかかわる場面に数多く出会い、養護教諭と子どもとのかかわりも多様な状況で生じてきます。そのなかで養護教諭は、個々の子ども理解を深めることができ、子どもとの応答関係のもとで、どのようなはたらきかけ合いが行なわれたかを、ていねいに見ていくことが大切です。

さらに、藤本報告（第2章）の「こうしたい」と「待たなくちゃ」のはざまというテーマは、子どもを育てる過程でだれしもが直面する課題です。養護教諭の指示で「動かす」ことの繰り返しでは、自ら「動く」子どもたちにはなりません。「させたいなかにも、子どもにお任せの部分をつくる」ことの発見など、子どもたちが自然に「動く」ようになるみちすじを明らかにしたいものです。

以上のような視点に立った委員会活動の実践を対象に、保健委員の子どもたちと養護教諭らの交流のなかで生まれる「相互関係性」は、いわゆる「臨床の知」といえます（中村雄二郎『臨床の知とは何か』岩波新書、一九九二年）。

五人が、それぞれの出来事に出会って、〈共感や援助を含む活動する身体によって支えられ、持続性を与えられた能動性〉と〈他者からのはたらきかけを受けとめながら〉振る舞ってきた総体としての「経験」から、どのような「相互関係性」を析出したのでしょうか。本書の保健委員会活動の実践報告は、養護教諭が各々の臨床の場で「経験」した「相互関係性」を明らかにしたものであり、保健委員会活動の指導における「臨床の知」として蓄積しなければならないと考えています。

子どもの発達課題と集団づくり

保健委員会活動の実践報告のなかでみられる「相互関係性」を読み解くには、どのような集団づくりをめざすのか、応答関係やかかわりにおいて子どもとの発達状況をどう判断するのか、そのものさしをもっておく必要があります。たとえば、学校教育において子ども集団づくりに取り組んでいる全国生活指導研究協議会では、今日の子どもの発達課題と集団のもつはたらきを左記のように整理しています（船越勝ほか『共同グループを育てる―今こそ集団づくり』クリエイツかもがわ、二〇〇二年）。

集団のもつ三つのはたらき（112ページ）
①「居場所」としてのはたらき↓内々の親密な集団。第一次集団。
②「仕事」をするはたらき↓活動の単位としての集団。機能集団。
③「話し合い」をするはたらき↓討議の基礎集団。話し合いの単位。

保健委員会は言うまでもなく「仕事」をする集団です。徳本報告（第1章）では、養護教諭としては時間がないのにいつも冗談を言って進行を妨げると思っていた子が、他の委員から「いつもおもしろいことを言って笑わせてくれてありがとう。おもしろかったよ」と言うのを聞き、頭をたたかれたような気がしました。「その子にとって歯のことよりも、委員会は自分を発揮できる場であり、ほかの子どもと信頼関係をつくり、交流でき協力できる場であったので大切だったのだ」と振り返っています。また石田報告（第5章）では、三年間保健委員を続けたT君を取り上げています。人とかかわることに自信をなくしていたT君が保健室を居場所にし、そして保健委員の仕事を続けるなかで自立し、「高校生活、保健室で始まり、保健室で終わり。三年間ありがとう」というメッセージを残し、自分で選んだ道に進んだといいます。

保健委員会を「仕事」をする集団にするには、委員それぞれが「居場所」として快適かどうか、あるいは委員それぞれにどのような「居場所をつくる」かが大切です。二〇年間聾学校の養護教諭を経験し、高校に赴任した石田さんはボディコミュニケーションを基本に生徒たちに向き合える人です。「先生って本当にドラえもんみたい」と言われるように、生徒たちがもっている知識や力やわざを見抜き、即座に役割を考えお願いしています。「どの子も保健委員会の活動のなかで〈あんたが主人公〉になれたとき、次の成長に向けて生徒自身が踏み出した一歩だ」ととらえているのです。

次に発達課題についてですが、この四つは獲得しやすい時期に獲得されるとも限らず、必ずしも順序性をもっているわけではありません。また、同年代の子どもだから同じ発達課題をもっているとはいかなくなっているのが現状で、幼児期の課題を抱えた中学生や、大人への不信から小学生が思春期課題を抱えこんでしまう例も多いようです。

子どもの四つの発達課題（前掲書、104ページ）
①乳児期の課題→基本的信頼感の充実（自己肯定と共同的な他者観の獲得）
②幼児期の課題→交わりの力の充実（自己の要求実現の力と他者理解の力の獲得）
③少年期の課題→集団的行動能力の充実（集団制作の力と集団適応の力の獲得）
④思春期の課題→精神的な自立の獲得（自己のアイデンティティの模索と世界観の形成へのチャレンジ）

玉谷報告（第3章）での「小二のBちゃんが活躍する保健委員会」は上述の発達課題に視点をおいてみると、どう解釈できるでしょうか。同じく「保健室登校のCさんとともに文化祭をめざす」においては、失った基本的信頼感を保健室登校、そして保健委員になって再び取り戻す過程での「交わりの力」や「集団的行動能力」との関連でみることも興味深い問題です。

また、竹野内報告（第4章）に登場するリストカットをしていたAさんは、きっかけになったのは仲のよい友だちの手紙のひと言でしたが、クラスの男子が幼稚で言葉遣いもわるく、雰囲気自体が嫌になったこともあったようです。具体的には、クラスにリーダーはいない、協力して何かをしようとする雰囲気にかけ、気が向かなければ何もしない、自分が都合のわるい状況になると「死ね」という言葉が出るなど、同じクラスにさまざまな課題をもった生徒がいるのです。

こうした背景には、各家庭の生活のあり方や価値観の多様化が進み、子どもがいろいろな発達のすじみちを通って大人になっていく現実があります。それを加速するように社会全般に新自由主義(「市場原理に基づく競争秩序を強化し、自由競争の圧力と優勝劣敗の自然淘汰によって経済の活性化・効率化をはかろうとする思想」二宮厚美、一九九九年)の考え方や施策が、浸透してきています。一九八〇年代半ばころから急速に進行した市場原理の影響は、消費生活を中核に子どもや親の生活感覚を変化させて、学校や対教師や学級集団へのかかわりや社会的交わりにも変化を生じています。

具体的には子どもたちの間に個人主義的な言動が目立ち、家族あるいはクラスに一緒にいることの意味が希薄になっており、そうした個人の寄り集まった集団的雰囲気が醸成されてきました。いじめや少年事件などの多発や犯行内容をみても、これらのことと決して無関係ではありません。今、「仲間」「連帯」「協力」を社会的モラルとして教える方向の実践では子どもたちの反発や抵抗にあうことが多いのです。市場化の生活感覚に日々影響されている多くの子どもたちにとっては、そうした「指導」という営みは自分たちの欲求・関心・興味を抑えながら迫ってくる力として感じられるからではないでしょうか。

学校生活のなかに「居場所」をつくること、基本的信頼感をもつことから自己の要求を提出することを通して「交わりの力」を獲得し、それを充実させながら集団的行動能力を獲得し始めるのです。思春期の課題である精神的自立の獲得には多くの壁があります。保健委員会という集団づくりのなかで、行きつ戻りつする発達課題をさぐりながら、〈はたらきかけ・はたらきかけ返す〉という営みをあきらめないで実践していくことが大切です。

人と人がつながり合うこと

山口研究集会の終了後、実行委員の一人は次のような感想を寄せていました。

> 私はこれまで仲間とがんばった体験がほとんどありませんでした。人とつながることがとても苦手で、温かい手をさしのべられても引いてしまう私がいました。昨年度神奈川集会の報告集のなかに「不安で孤独の正体は、自分のおごりだった……」という一文がありました。私自身もそうだと感じました。しかし、山口の先生方と学んでいくなかで、私の心のバリアが少しずつ取り除かれていくような、少し肩の力が抜けたような気がしています。つながることの心地よさを感じ、でも、つながるためには自立していなければならないことも自覚し、自分にできることを見極めながら、ささやかな実践を重ねていきたい。今、そんな思いでいっぱいです。

〈つながり〉が必要なのは子どもだけではありません。競争的社会のなかでの自己選択イコール自己責任になるなかでは、個人化・孤立化が進行し、つながり感覚をなくしたり見捨てられ不安に陥ったりする人が増えてきます。

子どもたちは、金子みすゞの詩のように「みんな違って、みんないい」ではなく、「みんな同じで、みんな安心」というのが本音ではないでしょうか。他者のまなざしを過剰に意識し、友だちからどう思われているかが気になり、同じ輪の中にはいっていることで安心し、逆に本音でぶつかることには不安を覚えています。あるいは先生や友だちの前では仮面をかぶり、インターネットという匿名の世界でだけは仮面を脱ぎ内面を吐露する子ども、バーチャルな世界を浮遊するなかで現実との境を見失い、考えられない事件を起こす例も増えてきています。

竹野内は卒業生が残してくれたメッセージに、その生徒と実際のかかわりのなかで出た言葉が書いてあり、自分では力を入れて書いた「保健だより」にふれていなかったことから、あらためて「人の話を、ゆっくり、じっくり、誠意をもって聞かなければいけない」と、子どもたちとの対話の重要性を指摘しています。これは「今、子どもたちに必要なのは、心を操作・加工する『心の教育』ではなく、『勇気ある知性』を身につけたからだ。それはからだを軸としたモノやコトや人とのかかわり、からだを介して対話できる子どもに育てていくことが大切」という竹内常一の主張に通ずるものがあります（『少年期不在―子どものからだの声をきく』青木書店、一九九八年）。

〈つながり〉の感覚の回復は、まず「私は一人ではない」ということの発見から始まります。人と人とのつながりは負の影響を受けることもありますが、それでも仲間とのふれ合い、交わり、響き合う体験を、豊かにする必要があります。保健委員会だけでなく、教育の営みのなかに多様な〈つながり〉の網の目を紡ぎ出すこと（木村浩則『つながりの教育』三省堂、二〇〇三年）が、今、大切なのです。

徳本は試行錯誤の実践を通して、「私が子どもを信じないかぎり、子どもたちは動き出しません。信じてはたらきかけていくと、子どもたちからやりたいことがいっぱい出てくるのです」と言っています。基本的信頼感がもてる居場所がだれにも必要なのです。

石田は高校での保健委員会活動のなかで育つ子どもたちの感動が、いつかは人をも動かすことができる原動力であると確信し、「時間がない」ではなく、生徒主体による活動を生徒自身が確保していける力を支援していくことの重要性を指摘しています。いわゆる「保健の自治能力」を育てる機会としての確かな手応えを感じているのです。

子どもの健康な発達をめざした文化的共同を、保健委員会の呼びかけで、地域や学校・保護者をまきこんだ活動にしていくことが大切です。そうした場での〈人と人がつながり合うこと〉によって子どもは育ち、私たち養護教諭も育つのではないでしょうか。

本書の五つの実践報告をじっくり読んでいただき、保健委員会活動の指導についての探求課題をみんなで決定し、共同作業ができる機会があることを楽しみに待ちたいと思います。

二〇〇五年七月吉日

第1章

健康文化のリーダーが生まれる

――「めざせ！　歯の博士」【小学校】

1. むし歯治療率一〇〇%が問題——私がやっていたことは?

勤務していた○小は四〇〜六〇名の小規模校。私は、雑誌や研修会で何か自分が使えそうなものをみつけると、真似してショートの保健指導をしていました。健康タイムでは、「目の体操」「給食後の歯磨き」も実施していました。昭和六十一年度の歯科検診終了後、乳歯および永久歯のむし歯罹患率は、五六・二%でした。校区内には歯科医院が一軒もありませんが、児童も親も治療には大変協力的で、すぐに罹患者全員が治療を完了しました。

そこで、「次年度には、むし歯罹患率がぐーんと低下するに違いない」と思いました。しかし、昭和六十二年度のむし歯罹患率は六六・三%でした。そこでこれは、「きっと子どもたちが歯の磨き方を知らないのではないか」と考え、歯科校医さんによるブラッシング指導を受けました。給食後の歯磨きは、必ず担任の先生にも一緒にしていただきました。よりよい状態でブラッシングができるように、児童保健委員会による歯ブラシチェックも実施しました。六月には、親子での歯磨き運動の展開やカラーテスター(歯垢顕示薬)を使って歯磨きチェックも実施しました。さらに、歯磨きカレンダーを作成しては、子どもたちに配布しました(毎月提出させては、がっかりしていましたが)、むし歯罹患率は昭和六十三年度が四五・五%、翌年以降五一・二%、三三・九%、四二・八%、五〇%、三四

％と徐々に低下しています。そしていつも治療率は一〇〇％。しかし、毎年の治療率が一〇〇％の数字からわかるように、治療さえすればいいという風潮は否めませんでした。治療率一〇〇％が問題になるなんて、私は思いもよりませんでした。子どもたちによかれと思い、実践したむし歯予防は、養護教諭である私の課題になっても、子ども自身の問題にはなりえていなかったのです。しかし、私は自分が何かをしているということで満足し、「子どもにこんな力をつけさせたい」とか「こんな子どもを育てたい」という願いはもっていませんでした。願いがなければ意図的に取り組めないし、まして自分の職務を振り返ってみることもありませんでした。しかもそのことに、私は全く気がついていませんでした。

2. 生きる力につながる保健委員会活動——内地研修で学んだこと

そんな私が、昭和六十三年十月から半年間、山口大学教育学部・友定保博先生のもと、内地研修をすることになりました。とにかくたくさんの書物に触れ、一緒に研修した三人（中・高校の養護教諭）でいっぱい話をしました。そのうち、漠然とですが、「私が実践してきたと思っていたものは、何か違っていたのかな」と思い始めました。

そんなとき、山口県養護教員大会で「楽しく生き生きとした生徒委員会活動を育てるために」（県立大嶺高校・橋本喜美代先生）の発表に出会いました。保健委員会が自分たちの健康上の問題をみつけ、それを解決するために活動しているのです。「すごい！　生きる力につながる実践とはこれだ」と思いました。私たちは、保健指導を通して子どもを「からだや生活の主人公」に育て、自分のからだだけでなく他人のからだにも関心をもち、みんなで一緒に力を合わせて健康を守り育てていくことができるようになってほしいのです。

従来、保健委員会活動は、養護教諭の手足となって働くこと、あるいは子ども自身に主体性のないまま下請け的仕事をこなすことが多かったといえないでしょうか。養護教諭が直接、しかも計画的・継続的に指導ができる委員会活動を見直さなければなりません。担任をしない養護教諭も、子どもたちを教え育てる営みを考えていかないといけないのです。健康知識の提供・啓蒙などは行なわれていますが、学習活動を通して健康認識を育てる手段・方法はあまり開発されていないようです。大切だと思っても苦手で有効に生かされていない面をもつ委員会活動を、全体に対する保健指導を有効なものにするためにも見直し、保健委員を育てることにしました。

内地研修で最初に行なったのは、「むし歯予防」を題材にして、保健委員を「からだの主人公」にする取り組みを考え、大まかなストーリーを想定したシナリオのかたちで考えることでした。

シナリオ（年間を通しての保健指導案）を作成するときに注意したことは、次のような点です。

・できるだけ多様な学習活動を創造していく（教室の授業と同じようなものは避ける）。

・短時間で効率を上げるためには、子どもを揺さぶる、あるいはひきつける課題にし、それをはっきりと提示するように心がける。

・自分たちで学習したことは、必ずほかの子どもたちに返す。どう返したら「むし歯予防につながるか」とか「みんなが歯磨きするようになるか」を考えたうえで、返す手段・方法を考えていく。また問題解決のための課題を探る習慣をつける。「一つのことを学習したら、それをみんなに返し、結果や反応をつかんで、新たな課題をみつける」というサイクルを確実にする援助をする。

そして、次に委員会活動を中心にした保健指導の展開案を作成しました。むし歯問題解決への主体形成を図るために、以下のポイントをおさえました。

①保健室内の掲示や実物の歯の提示で関心をもたせ、さらに自分や友だちの口腔内の様子を観察することから進めていく（きっかけづくりとする）。

②歯のことで困っていることやわからないことを自分自身で考えたり、友だちに聞いたりしていく（自分自身の問題としてとらえる）。

③②で出された問題を自分たちの課題としていく（委員会の共通の課題としてとらえる）。

④学習により調べた内容を、実習や実験を通して深めていく（相互学習を深める）。

⑤学習や実験などの成果を、ほかの子どもたちに返す方法や手段を委員会で考え実行していく（発表の場を保障する）。

⑥学習や実験などの発表を通して、ほかの子どもたちの反応や対応で、また新たな課題をみつけ、さらに学習活動を進めていく（フィードバックしていく）。

さらに、子どもが委員会活動のなかで主体的に活動できる力をつけていくために

・子どもどうしのやりとりを促すようにする

・子どもが間違うことを尊重する

・養護教諭自身もはっきり答えがわからないような課題にも取り組んでいく

そして「結果よりもプロセスを大切にする」ことで展開していくことにしました。

3. 初めて展開案を用意して臨んだ委員会活動

内地研修で学んだ理論を実践するにあたって、研修で作成した展開案をもって臨みました（「委員会活動を中心とした保健指導の展開案」26～29ページ）。

◆私はなかなか待てないのです

O小の保健委員は四年生一名、五年生二名、六年生三名の計六名。委員会の展開案作成時点で、子どもたちの顔は浮かぶのに、子どもがどんな反応をするのか全く予想できず、本当に不安でした。すると友定先生が「『一人でもこの子がいるからできる』というふうには考えられないか」と言われま

した。しかし私は、子どもたちの可能性をなかなか信じることができませんでした。

そして、初めての委員会活動の日、「保健委員会は、全校の健康のリーダーになろう。いろいろな委員会のなかでも、いちばん活躍する委員会をつくろうね」子どもたちは無言。ピンとこない様子です。そこで何か話をさせようと「O小の子どもは何人いる？」と問いかけました。するとやっと「六三人じゃないんですか」「六一人」「四七人」と言い出しました。そこで「六一人です。O小の六一人が学校で楽しく勉強したり、楽しく運動したりできるように、保健委員会が活躍できるといいね。そのなかで、ほかの人に広めたいことを、わかりやすく集会で発表もしたいね。O小で健康でないと思うこと、汚い、危ないな、と思うことがあるかもしれません。こういうことを保健委員会六人でみつけてアイデアを出して、よくしていくことにしましょう」子どもたちは何をすればいいのか、ますます混乱している様子。

私は子どもたちの言葉を待たず（待てず）「今年は六人で『からだの博士』になろうと思うの。どうかな」今度はすぐ「骨、骨やろう」とF君が言ってくれました。じつは直前に骨折した子がいたので、「骨の話」をしていたのです。すると、H君が「手の骨のことはわかったけど、ほかのところはわからん」と言い出しました。しめたと思い「わからないところを調べて、からだの博士になって、ほかの人にも教えてあげられたらいいね」すると「覚えられん」「絵も描くんじゃろ。よう描かん」「みんなで勉強するんだし、できるかできないか、やってみんとわからんでしょう」とたたみかけ、

委員会活動を中心とした保健指導の展開案（4～7月）

月	養護教諭の援助	保健委員会		学級・学校		子ども・保護者への働きかけ	
		機会(時間)	学習活動・作業	機会	方法	内容	方法・手段
			保健委員会の仕事は何かを考える。				
4	①この機会に「からだの博士」になることをめざそう。 ・実物のいろいろな種類の歯（人間や動物など）や歯型の展示 ・歯に関する実態などをグラフなどで掲示					抜けた歯を提供してもらう ↓ 何番目の歯が抜けたの? ↓ あなたのグラグラ動いている歯は何番目の歯?	保健だより（掲示 展示）
	「今回は「歯の博士」をめざそう。最初に自分の口の中を観察してみましょう」 「友だちのはどうかな？」	⇨	歯列図を参考に鏡で自分の口の中を見る。 友だちの口腔中についても観察する。				
	②自分たちの問題としてとらえる援助をしていく。	⇨	「歯のことで困っていることやわからないこと（疑問）はありませんか？」 ↓				
		(次回までの課題提示)	自分で考えたり友だちに聞いてこよう （担当学年を決める） ↓				
5	③自分たちがもつ共通の課題としていく援助をしていく。		「歯に関する疑問には，どんなものが多いか整理してみましょう」 ↓ 整理していく		⇨	疑問に対する知識や関心の有無を知る ｛他の子どもにも課題としてとらえられる歯に関する問題作成｝	掲示 ｛他の子どもが予想し答をシールではっていけるものを作成｝

月	養護教諭の援助	保健委員会		学級・学校		子ども・保護者への働きかけ	
		機会(時間)	学習活動・作業	機会	方法	内容	方法・手段
6	③本や資料を提示調べ方やまとめ方を援助する。		整理した歯に関する疑問について自分たちで調べて解答を考え見つけていく。				
7	参考図書（はははのはなし　6さいきゅうし）		分担するなど約束事を決める。 →	調べたことを発表していく 児童集会Q＆Aの型 ○○君○○さんから出されたかた （子どもたちから）出された疑問をひとつ1つ答える形式			
	「調べたことは本当かどうかゆさぶりをかけていく」 ⇩ 「甘いものを食べたらむし歯になるって本当？」 実験１の提示（結果が２～３日後に判明するように準備しておく）						
		⇨	実験１の結果と観察してみる 「もっと変化が大きく見えるものはない？」 虫メガネや顕微鏡の利用			児童集会で発表した内容やそれを聞いた児童の声など	保健だより随時
	「歯をつけておくと歯が変化をおこすものは何かしら」 「歯をつけておくと変化をおこすものの中に歯のかわりに貝がらをつけてみてはどうかしら」	⇨	↓ 調べたことから考え合わせていく ↓ 酸についての学習を深めていく（理科の先生にご指導をお願いするなど）				

委員会活動を中心とした保健指導の展開案（9～3月）

月	養護教諭の援助	保健委員会		学級・学校		子ども・保護者への働きかけ	
		機会(時間)	学習活動・作業	機会	方法	内容	方法・手段
9	④調べた内容を実験を通してさらに深められるように援助していく						
	「実験」の結果で予想した砂糖水でなくレモン水のほうだけ脱灰したという事実」で変だなあって思わなかった？	⇨	自分たちで実験1を再実験していく （20日前後観察記録していく）			随時実験の結果を発表していく	実験シリーズとして，委員会だよりとして （保健だより）
	「ほかに歯をつけてみたいものはない？」	⇨ ⇨	他の実験への発展				
	日ごろ食べたり飲んだりしているもののなかで ＊ pH を調べておく		ジュース，お茶，はちみつ，コーラにもつけて観察する ⇩ みんなで予想してみる ⇩ 歯が変化する。変化しないのはどうしてか調べてみる		⇨	「こんな実験をしているんだけれど，見に来ない?」 ↓ 他の児童にも予想させていく	保健だより随時
10	「口の中と同じ条件は考えられない？」 「歯こう」は？ 「唾液」は？ 「温度」は？	⇨	自分たちで考え実験していく ↓ むし歯の発生過程がわかる				
11	「むし歯ができるまではわかったけど，むし歯をつくらないようにするには，どんなことが考えられる？」	⇨	自分たちで調べる 「甘いものを食べない」				
	「じゃ甘いものを食べなきゃいいのね」 実験3の提示 （食べかすの問題）	⇨	ゼリーとポテトチップの問題を実験してみる				

月	養護教諭の援助	保健委員会		学級・学校		子ども・保護者への働きかけ	
		機会(時間)	学習活動・作業	機会	方法	内容	方法・手段
12	「食べかす（砂糖）とST.ミュータンス菌がむすびついて歯を溶かす酸をつくらないようにする方法はないかしら」	⇨ ⇨	「歯磨きがあるよ」 ↓ 歯磨きをするときのポイントは何か調べてみよう」 ↓ 自分たちで調べる			随時実験の結果を発表していく	実験シリーズとして，委員会だよりとして（保健だより）
	「その歯の磨き方でいいかどうか確かめてみたら」	⇨	カラーテスターを使って実験する ↓ 自分の口の中の状態に合ったものをみつけていく	⇨		自分がみつけた自分に合った歯の磨き方を紹介していく	保健だより
1 〜 3	⑤学習や実験の結果でわかったことを他の子どもたちに返す方法や手段を考えさせ，実行していくのを援助していく ⑥学習の成果の発表を通して	⇨	自分たちにはわかったがみんながむし歯を防いでいけるにはどうしたらよいか，委員会としてはどうはたらきかけたらよいか考えていく ↓ 一方的にお知らせするのではなく聞いているみんなが考えていけるようなものを → 各学級の保健係と委員会でみんなの様子はどう変わったか。また変わらなかったら，それはどうしてか考えてみる。（フィードバック）	児童集会	紙しばい	自分たちが学習したり実験でわかったこと	歯について一緒に学習したい人をつのって相互学習会を開く

子どもがせっかく「骨やろう」と言ってくれたのも取り上げず意見も聞かず、すぐ続けて「O小は一〇〇％治療しても翌年むし歯のある子が多いこと。じつはもう学校歯科医さんからたくさんの歯をいただいてあるから、『歯の博士をめざそう』」と、これこそ押しつけだと思いながら一気に言いました。さらに「みんなが歯についてもっている疑問を集めてこない？」と提案。すると「どうやって聞くんですか」とすぐ私を頼ります。しかし、最初から「なんでも自分たちで考えなさい」というのも無理なので、「O小の一人ひとりに『歯のことについてわからないことや知りたいことはありませんか』と聞いてください。たとえば『むし歯はどうやってできるのですか』という感じです。『〇〇さんから聞いてきた』と、必ず名前も書いてください」と言いました。保健委員が全校一人ひとりの意見を聞き集めるのも、聞かれる子どもたちも初めての体験で、お互いに恥ずかしそうに始めました。

◆子どもを信じて待つということ

子どもたちと一緒に掲示物づくりをすることで、歯の博士になるという自覚を促し、校内へもアピールしていきました。抜歯した歯を歯科医さんからお借りしてきたところ、「本当に本物ですか」「どうやってとったんですか」「だれのですか」「肉がついちょる」などと気味わるがっていましたが、「どれが前の歯だと思う？」「奥歯は『ふたまた』と『みつまた』があるよ。どっちが上の奥歯だと思う？」など、ただ見るのではなく、特徴を見分けながら見ることも教えていきました。さらに子どもたちがいちばんよく見てくれる職員室の横に、「保健委員会コーナー」も設置しました。また「子どもの歯

（乳歯）が抜けたら、保健室に持ってきて見せてもらえませんか」と呼びかけておきました。

すると、すぐ一年生のJさんが「先生、もうお兄ちゃんが歯を持ってきた？」とやってきました。昨日、三年生の兄の歯が抜けたというのです。呼びかけたときは反応がなく不安でしたが、子どもを信じて待つことを学びました。早速、乳歯と永久歯の生えかわりの話をし、掲示にも利用させてもらいました。

◆実験をストレートに提案してみたら

実験1（むし歯はどうしてできるの――保健指導実践講座「授業書的発想による保健指導の教材づくり」より。砂糖水とレモンの汁につけた歯が、一〇～二〇日後にどのように変化しているかを予想させるもの）を子どもたちにどう提示するか、ずいぶん迷いましたが、「本にね、砂糖水とレモン水に歯をつける実験がのってたんだけど、やってみない？」とストレートに投げかけてみました。案ずるよりは生むが易し、子どもたちはすぐ実験を開始したのです。

そこで、まず実験結果を一人ひとりに予想させてみました。予想することによって、いっそう知りたいという気持ちが高まるからです。F君がすぐ「みかんを食べると歯がキシキシするから、レモン水につけた歯が溶けると思う」と言い出したのには、私もびっくり！　ほかの子どもたちも「えっ」という感じで顔を見合わせています。「先生にもわからんのよ」……この言葉で六年生三人が勇気づけられたのか、「甘いものを食べるとむし歯になるから、砂糖水につけた歯が溶ける」と言い出し、ゆ

ほけん委員会《いんかい》だより　（4月20日号）

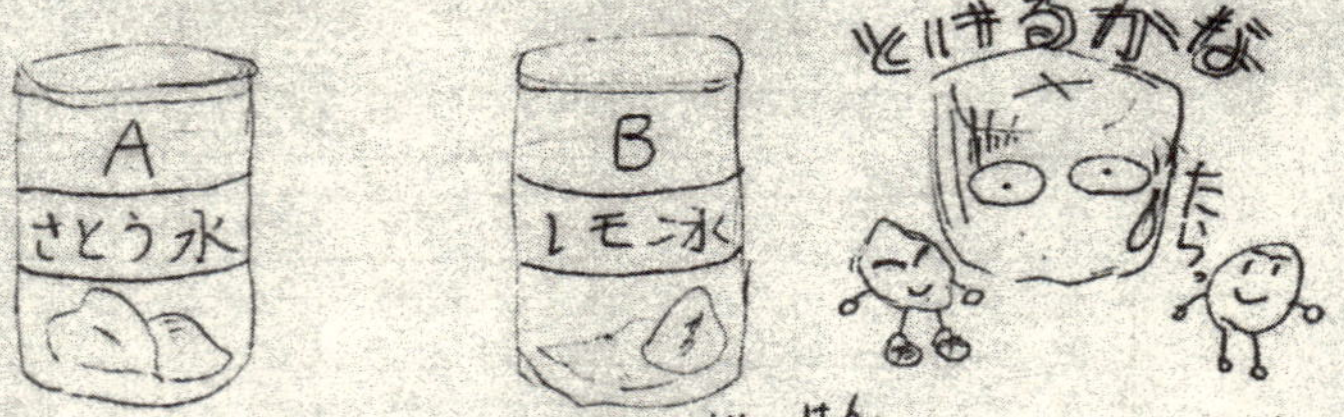

4月20日（木）に実験《じっけん》をはじめました。

A…さとう8g《グラム》を水の中にとかし、それに"は"を2つつけました。
B…レモンを切《き》ってしぼったものに、"は"を2つ入れました。

これらの歯《は》は変化しているでしょうか。

予想《よそう》
㋐A.Bともに変化《へんか》している。
㋑A（さとう水）のほうが変化《へんか》している。
㋒B（レモン水）のほうが変化している。
㋓A.Bともに変化《へんか》していない。

予想《よそう》をほけん委員までお知らせ下さい。

―キ―リ―ト―リ―セ―ン―――――――――

予想

ねん（なまえ）＿＿＿＿＿＿＿＿

ご協力《きょうりょく》ありがとうございました。

つくり委員会は動き始めました。

◆本物の牛の下顎で「この歯のもち主はだれ？」

実物の牛の下顎（歯がついたもの）を提示して、学習のきっかけもつくりました。

「何の動物のものかわからないけど、どうしよう」

「先生、知らんの」「どこでもらったん」

「どうしたら、わかる？」

「図書室の動物図鑑にあったよ」とＦ君。「取りに行っていいですか」とＨ君。結局「一緒に調べよう」と、全員で図書室に行ってしまいました。前年度、動物の歯を図書室で調べたことを思い出したのです。

まもなく、牛とは全く違う肉食動物のピューマの下顎の絵をみつけてきました。「先生、これ」と差し出すので、「どれどれ、歯の形は同じですか」と聞くと、「同じ同じ」「同じような気がする」

〝調べた結果より、調べていくプロセスを大切にしたい〟と、子どもたちの答えを、すぐ否定しませんでした。

「こっちの絵（図鑑）、歯がずいぶんとがっているみたいだけど、これ（実物）と本当に同じですか」と再度比較しながら見るように言いました。でも、子どもたちは牛の歯にさわりながら「先生、この歯もとがっちょるよ。さわると痛いもん」と調べられたことに大満足。そこで、草食動物と肉食動物

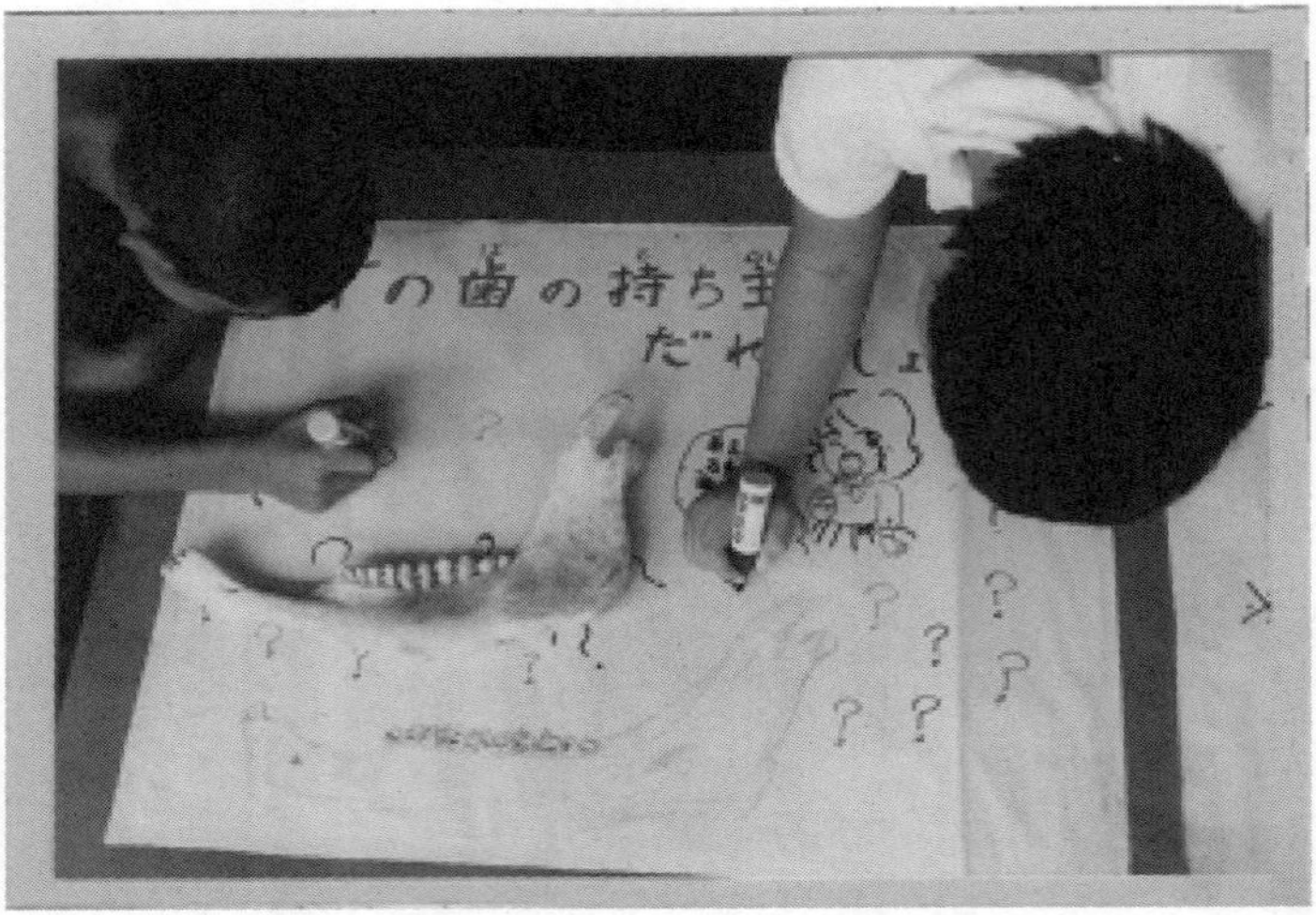

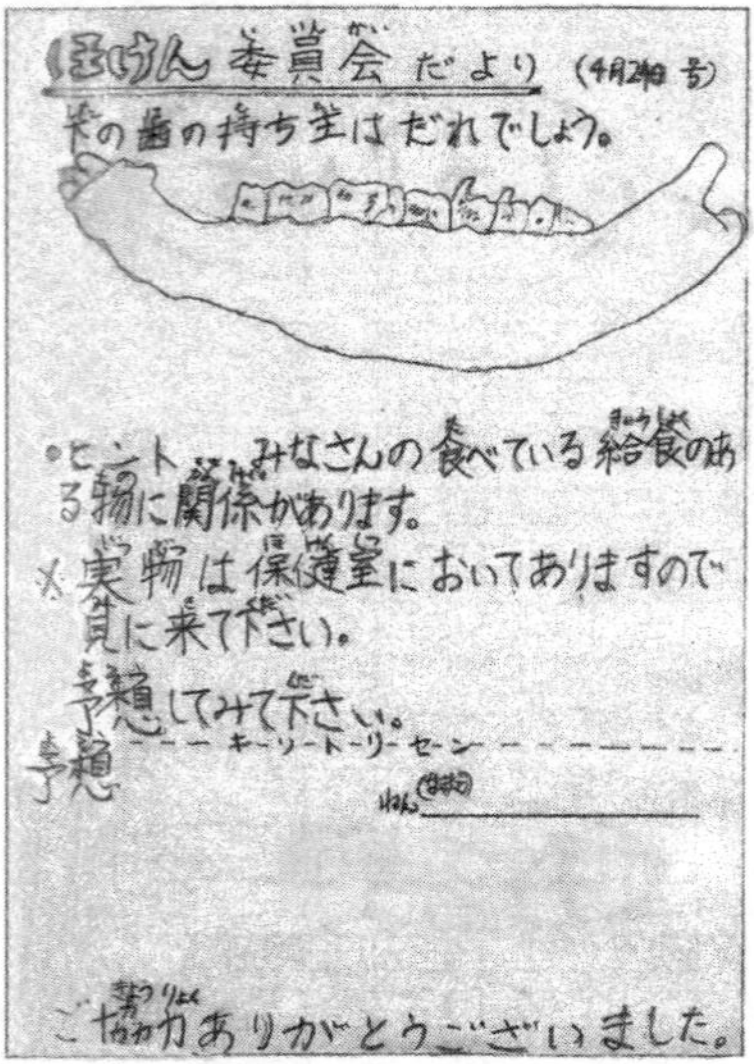

ほけん委員会《かい》だより (4月24日号)

犬の歯の持ち主はだれでしょう。

・ヒント…みなさんの食べている給食のある物に関係があります。

※実物は保健室においてありますので見に来て下さい。

予想してみて下さい。

予想 ーーーキーリートーリーセーンーーー

ねん(組)＿＿＿＿＿＿

ご協力ありがとうございました。

を比較学習するプリントを準備しました。

最初、まわりの子どもたちは「気持ちわるい。なんですか、あれ？」と、牛の下顎をさわろうともしませんでした。しかし、委員会だよりで「この歯のもち主はだれでしょう」と全校に予想を聞くころには、牛の歯の一本一本をいじり「この穴、なんであるんですか」自分の顔にくっつけて「どっちが顔の前側ですか。僕の顔よりだいぶ大きい」とか関心をもち始めました。

今回の牛の下顎のように、ただ何かものを置くだけではいけない……ものを提示することのむずかしさを学びました。

◆やる気を引き出す委員会だよりづくり

なかなかものを言わない、指示待ち人間が多い委員会のなかに、子どもどうしの交流をもっともたせたい、そして、よりよい集団をつくりたいという願いのもとで、委員会だよりづくりを指導していくことにしました。一枚の委員会だよりを、子どもたちが自分たちでつくっていく過程を大切にし、保健委員会の主体的な活動として発展させたいと思ったのです。しかし、表現することが苦手で、とくにものを書くことには、ずいぶん抵抗があるようでした。そこで、最初は絵や字を書くことが好きな子どもから取り組ませました。しかし、委員会だよりが配布されるころには、本人はもちろん、保健委員全体のやる気につながっていきました。「委員会だよりは、みんながんばってつくったのだから、必ず説明しながら配ろうね」という約束をしていたので、保健委員は配るときも一生懸命です。

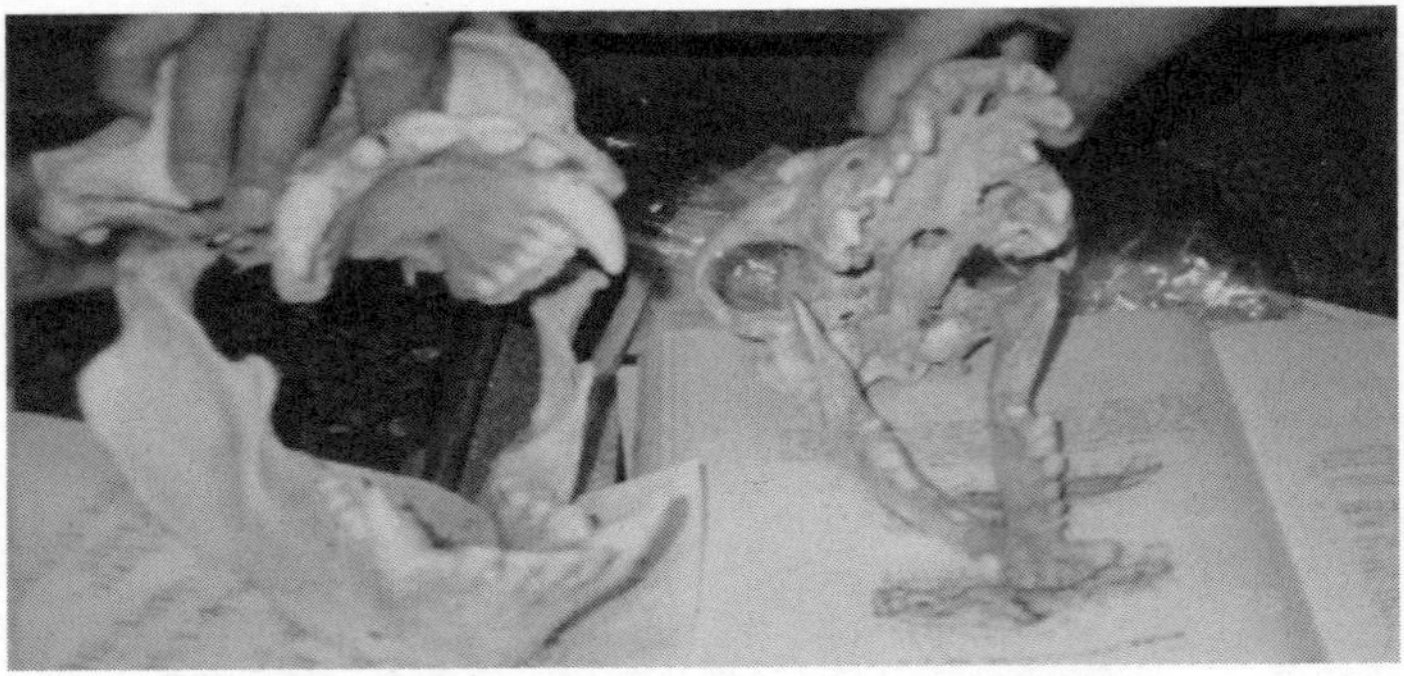

チンパンジーとオオカミの頭蓋骨

とくに一〜三年生は担任の先生に保健委員が内容を説明してから、クラスでの配布をお願いします。しかも、先生方には事前に鋭くつっこんで質問していただくようにお願いしてあります。自分は理解しているつもりでも、人に何か説明するのはむずかしく、少しずつ人の前で話ができるようになったことを評価していきました。ちなみに、「先生、聞いて」と最初の練習台は私です。

◆動物園に行って学習したよ

「牛の下顎」であるということがわかっても、最後まで「ピューマ」といって譲らなかったH君。社会見学で徳山動物園が昼食会場になるという話を聞くと「そうだ！　動物園でこれが牛かどうか聞いてきたらいい」と言い出しました。五〜六年生は行きませんので、たった一人の四年生H君に「しっかりね」とみんなの期待がかかりました。言い出しっぺのH君は、やっと事の重大さに気づきました。動物の歯が急にH君自身の問題になったのです。

「先生、動物園で獣医さんに、何聞いたらいい？」

「そりゃ、みんなが知りたいことよ」

「それ、どうしたらわかるん」

「どうしたらいいか、みんなと相談してごらん」と声をかけました。

するとなにやら、六人で相談し始めました。

五月二十六日、H君は牛の下顎と質問を書いた紙を持って社会見学に出かけました。せっかくの機会ですから、事前にほかの子どもたちにも協力を求めておきました。そしてみんなは、H君と一緒に「牛の下顎」について獣医さんに質問をしました。獣医さんは子どもたちの質問にていねいに答えてくださったうえに、「これならよくわかるだろう」と、チンパンジーやオオカミの頭蓋骨も見せてくださいました。初めて見たりさわったりした動物の頭蓋骨に、子どもたちは大感激でした。

◆子どものほうが落ち着いていた委員会発表

五月二十九日は、集会で保健委員会の発表の日と決まっていました。発表の日が近づくと「何を発表する？　どうする？」と、落ち着きがなくなったのは私でした。子どもたちは落ち着いたもので、全校のみんなから集めてきた「歯に関する疑問」から「歯の問題づくり」をし、もう一回全校児童に問いかけたものの答えと正しい答えを発表すればいいと。一方、動物園の獣医さんの言葉を、一字一句も漏らさないように聞いてきたH君は、五～六年生の保健委員に報告しました。すると、子どもたちは「牛の下顎」のことも発表しようと言い出しました。ちなみにH君が獣医さんの役で、ほかの子どもたちの聞く質問に答えるというシナリオです。

◆実験1は尻切れトンボに

「レモン水につけた歯が溶けちょる。なんか信じられない」……実験1は牛の歯や委員会発表の練習と同時進行中。「むし歯は甘いものでできるはず。だから砂糖水につけた歯が溶けるはず」という予想を裏切って「レモン水につけた歯」は溶けていきました。「なぜだろう」「どうして?」「おかしいよ」と子どもたちの心を揺さぶりましたが、なかなか次へ進みません。「委員会発表もすんだし、歯のことはもういいよ」……発表に満足し、尻切れトンボのまま一学期は終わってしまいました。

◆夏休み明け、実験を再開

「ここに、夏休みの歯磨きカレンダーがあるから見て」

委員会の子どもたちが何か問題をみつけてくれることを期待しながら、提示しました。

「何か感想はありませんか」

H「色が塗ってない」、Y「昼のをやっていない」、F「全部歯磨きしている人がほとんどいない」、H「○がちょっとしかない。色が塗れてないからいけません」

「なるほど」

H「色を塗る。○を増やす」

「〇が増えればいいの？」

Ｈ「歯を磨けばええ」、Ｆ「先生、いいこと考えた。一人ずつ監視する」

「うーん。じゃ、監視せんと歯磨きできんの、〇小の子は」

Ｆ「こっそり、みつからずに監視する」

「ほかの人はどう思う？」

「……」、Ｈ「わからん」

「一学期、歯のことを保健委員会が発表したけど、〇小のみんなの夏休みの生活に少しは役に立ったかね」

Ｙ「おもしろいから聞いただけ。私たちは遅くまで残って一生懸命がんばったのに」

「委員会の発表や集会のやりかたは？　みんなにアピールできた？」

Ｙ「保健集会のやり方がわるかったんですか」

「先生はとってもよかったと思うけど」

「……」

「じゃあ聞いてみるけど、みんなは一学期にした歯の実験、どんなものか覚えている？」

Ｈ「えっと、えっと……」

「ほら、保健委員でも忘れている人がいる」

H「うーん」

「ところで、『レモン水と砂糖水の実験』納得できた？　先生は歯がレモン水に溶けるなんておかしいと思ったんだけど」

I「おかしいと思いました」、O「私も。レモン水に歯が溶けたのがよくわかりません」

「この問題どうする？」

I「もう一回やってみたらいいと思います」（じつは、IさんとOさんを事前に呼んで話し合っていたのです）

「じゃあ、二学期はレモン水と砂糖水以外にも歯をつけておくというのは？　変化を起こすかもしれないもの」

F「絶対、コーラ」、H「アイスクリーム、らっきょうの汁、梅干し」、Y「ガム、あんこ」、H「リンゴジュース」、F「果汁一〇〇％じゃないといけん」、I「牛乳」、O「番茶」、M「油」

「油って、サラダ油？」

Y「先生、サラダ油って何？」

「今日の給食のドレッシング、サラダ油と酢でできているのよ」

Y「あー、どうりで、すっぱかった」

「いっぱい出てきたね。歯が足りないので、歯と同じ成分でできているものでやってみたら？」

Ｙ「何？」

「学校のすぐ目の前、海にある。貝です」

Ｈ「歯と貝殻が同じものですか。歯と骨が同じじゃないのですか」

◆みんなをまきこもう

「貝を持ってきたよ」……昼休み、実験の準備をして、全校に予想を聞きます。さらに実験コーナーを設置。活動の様子をおうちの人たちにも知ってもらいたいと、委員会だよりでも取り上げ、実験予想を聞きます。すると参観日には、実験コーナーにお母さん方の姿がたくさんみられました。

初めての委員会だよりは、「何を書いたらいいんですか」「字の大きさはこのくらいでいいんですか」と聞かなければ一字も書けませんでした。しかし、「保健委員会で調べたこと、わかったことをなんでも書いてね。実験のことも。絵がはいっているとわかりやすいと思うよ」としかアドバイスしませんでした。

二学期には、はたらきかけなくても委員会での話、実験の様子を書いては「委員会だよりができた」と喜ぶようになりました。昼休みがほとんどつぶれるので、とても気になります。「昼休み、遊ばなくてもいいの？」「こっちのほうがおもしろいからいいの」と笑って答えてくれました。自分たちが活動していることを全校児童に伝えていくことも大切な活動と考えてくれることは、うれしいことです。だんだん子どもたちと一緒に活動していくのが、私にとっても楽しくなっていきました。

ほけん委《い》員《いん》会《かい》だより (9月19日号)

ほけんいいんかいでは、次のえきのなかに"は"をつけるじっけんをまたはじめます。みなさん、"は"がどうなるか、よそうしましょう。

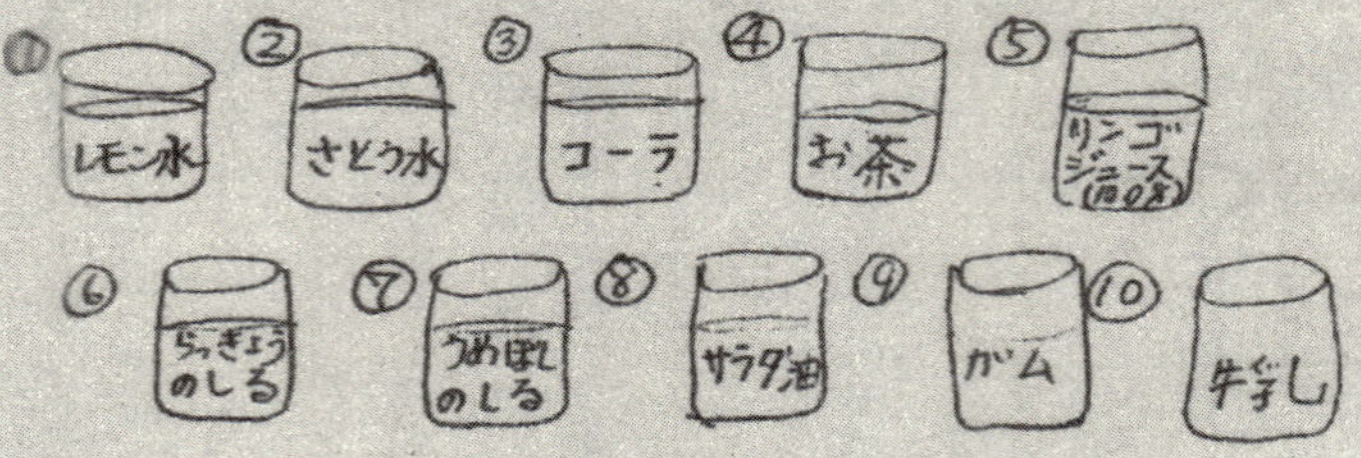

ほけんいいんかいのよそうでは、

・コーラは一週間くらいでとける。

さとう水はとけないけれど、レモン水はやっぱりとける。(どうしてそうなるのかよくわからないけど)

・リンゴジュースはさとうが入っているのでとけない。

などがでました。みなさんのよそうはどうですか。また、"は"をつけてみたいえきがあったら、お知《し》らせ下さい。

- - - キ - - - リ - - - ト - - - - リ - - - セ - - ン - - - -

(予《よ》想《そう》)　ねん(なまえ)＿＿＿＿＿＿＿＿

ご協《きょう》力《りょく》ありがとうございました。

◆わからんかったら子どもに聞け

次の展開をどうすればいいか。一つのことがすんだら、核となる六年生に集まってもらって話し合いをもちます。「歯をつける水溶液の性質を調べたらおもしろいと思うけど」「六年生は理科で水溶液の酸性・アルカリ性というのを習ったんだって？　先生に教えてくれない？」

Ｍ「酸・アルカリのところですか」

「はい。よろしくお願いいたします」……私がお願いすると、六年生三人は顔を見合わせて笑ってばかり。

ところが翌日、Ｉさんは二冊、Ｏさんは二冊、Ｍさんはなんと五冊の参考書を持ってきました。私は酸性・アルカリ性の判定をするＢＴＢ液を本当に知りませんでした。さらにＯさんが「参考書のここをコピーして、明日の委員会活動のときに配りたい」と言ってくれたことも大収穫でした。委員会の資料は一人ずつファイルに綴じてあり、厚くなるのがうれしいようでした。

◆水溶液の性質を調べてみよう（実験２）

ＢＴＢ液を使っての実験は、初めてで不安でした。なにしろ、試験管やビーカーを見ることも、理科準備室にはいることもなく、どこに何があるやら、さっぱりわかりません。理科の先生に「水溶液の性質を確かめる実験を委員会でしようと思うんですが、自信がないので事前に一緒にやってもらえませんか」とお願いしました。そして、一緒に希塩酸（酸性）と水酸化ナトリウム（アルカリ性）の溶液にＢＴＢ液を加えてみました。それぞれ鮮やかな黄色と青色にはっきり変化。思わず「わぁー、すごい」。これなら、四年生にも五年生にもはっきりわかります。「ついでに希塩酸に貝殻をつけてみたら？」と言われ、希塩酸の中に貝殻を入れた途端、あっという間に溶けてなくなり、今度は理科の先生が「わぁー、すごいね」。

おかげで、保健委員会での実験は大成功。希塩酸と水酸化ナトリウムの実験は私が行ない、それ以外の水溶液はＢＴＢ液を取り合って、子どもたちが実験しました。ＢＴＢ液で調べてみると、貝が溶けていた液は「酸性」でした（レモン水、梅干しの汁、らっきょうの汁なども）。すると「歯は酸性に弱い」とＨ君が言い出しました。やった、と思い、「ここに希塩酸がありますが、酸性でしたか、それともアルカリ性でしたか」

Ｈ「酸性です」

「この酸性の希塩酸の中に貝殻を入れてみたらどうですか」

Ｆ「やりたい、やりたい」

「先に予想してください」

Ｈ「泡が出る」、Ｆ「溶ける」、Ｙ「溶ける」、Ｍ「泡が出る」、Ｉ「泡が出ながら溶ける」

「じゃ、貝殻を入れてください」

Ｈ「あー、やっぱり泡が出る。溶けた、溶けた」

「予想どおりでしたね。みなさん、大正解」

翌日五年生の体重測定の日、机上にある色の違う試験管を見てガヤガヤ。そこで担任が「保健委員はこの実験をみんなによく教えてあげなさい」。そこで、保健委員二人は、「水溶液には酸性・アルカリ性の性質がある。これを調べるのにＢＴＢ液を使うと色が変わってわかる」ことを説明。そのなかで「しょうゆや牛乳も調べたかったが、元の色が濃いのでＢＴＢ液で変化したかどうかわからなかった」。すると、一人が「色が濃いなら水で薄めたらいい」ほかの子が「水にはどんな性質があるかわからないので使えないと思う」と言いました。二人の保健委員は説明が終わり安心、私は「水は中性だから」と頭の中にあり、この意見を見過ごしてしまいました。しかし、担任はすぐ「今、なんかおもしろい意見が出ているよ。もっとない？」すると、「井戸水ならいい」「汲み置きしとけばいい」という意見が出てきました。子どもたちの小さなつぶやきを見過ごさず、すぐ取り上げられる担任はすごいと思いました。「先生はさすがですね」と言ったところ、「そりゃ日ごろから付き合っているからね」と言われました。信頼にもとづいた人間関係がないと「聞き上手」にも「問いかけ上手」にもならないことがわかりました。

◆ときには軌道修正も

性教育のビデオを放課後見ていると、子どもたちが「一緒に見ていいですか」と言ってきました。そして、そのなかにいた保健委員が「生命誕生」について学習したいと言ってきたのです。積極的に学習したいと言ってくれるのはうれしいのですが、困ってしまいました。子どもたちは自分たちの要求の充実に向かい、私は子どもたちに振り回されて置いていかれそうでした。どうすればいいか悩んでいるとき、また友定先生が「主体形成を図るといっても、全部が全部子どもの言うとおりに、子どもも中心にしなければならないわけではない。かえって身につけさせたいものが阻害される。委員会内に自由にものを言える人間関係ができたことを進歩ととらえることはできないか。そしてもっともっと子どもに意見を言わせ、衝突させる場面をつくっていってはどうか」と、アドバイスをくださいました。そこでまた、子どもたちと話し合いです。

まずは、岡山大学小児歯科・岡崎好秀先生から、お電話をいただいた報告。「(子どもたちの問い合わせた)『むし歯はどうして黒いんですか』っていう質問が、専門家ではなかなか思いつかなくて、いちばんおもしろかったって」。するとF君が「いいこと教えてあげたから、お礼をもらわんといけんね」と言い出し大笑い。

「みんなが生命誕生をしたいと言ってくれたけど、必ず先生が授業でされるのでとっておきたいの。どう？」

不服そうだったみんなも渋々「うん」。

そこで、またすぐ「じつは先生、おもしろい実験を考えているんだけど、どうする？」

「……」

「今までの実験、楽しかった？」

Y「楽しかった。またやってみたいな」

「言ってみようかな」

F「言ってみて」

「ポテトチップスとゼリーの実験」

H「食べるの？　やるやる」、「やりたい」、Y「先生、H君が食い意地が張っていてよかったね」と言い出し、またまた大笑い。

◆実験３はわかりにくいものに？

「ポテトチップスとゼリーは、どちらがむし歯になりやすいでしょうか？」という問題をつくり、実際に食べ比べてみました（実際にはポテトチップスとゼリー、ポップコーンとチョコレートも合わせて食べ比べてみました）。神妙な顔をして食べているので、思わず「おいしい？」と聞いたり。「甘いのはどっち？」

Y「ポテトチップスは塩分が多いから、絶対ゼリー。それにゼリーのほうが砂糖が多い」、F「そうそう」

「食べたあと、口の中に残るのはどっち？」

H「ゼリーはつるっとのどにはいるから、ポテトチップス」。みんな食べながらうなずく。F「でも先生、ポテトチップスは口の中に残っても甘くないからいいんじゃないですか。むし歯にはならないような気がする……」

「……!?」むし歯は歯についた汚れからできることを学習させたいと仕組んだ実験ですが、食べたあと口の中に残るもの、含まれている砂糖のことも考え合わせなくてはいけない実験は、わかりにくいものになってしまいました。甘くて、歯にくっつきやすいものとくっつきにくいものの実験、たとえばチョコレートとゼリーなどの比較実験のほうが、もっとわかりやすく学習できたと思います。

4. フィードバックで深めていこう（二年目）

◆今年もめざすは「歯の博士」

二年目の委員会がスタートしました。前年度も保健委員だったYさんが、ファイルや写真を見ながら「このへんは忘れた」「この委員会だよりは書かなかったからよくわからん」。すると、「それ知っちょる」「僕も動物園で一緒にライオンの話を聞いた」「この実験見た」などの声があがりました。

Y「それでね、委員会活動のテーマは何をしたい？　何をやってみたい?」、J「Jちゃんね、絶対『歯の博士』」

「また歯をやるの?」

H「今年は『目』がいいんじゃないですか」、O「わからん」「『わからん』っていうのは、『どうでもいい』って思われちゃうけどいい？」

O「もう少し考えさせてください」、H「歯をやろう。やっぱり、歯の続きがしたい」、J「だから、最初から歯の博士って言っているのに」

結局、「歯の博士になりたい」「歯の実験がしたいから、保健委員会にはいった」という強い意見が通りました。私は「子どもが問題をみつける」とか「気づく」という点に力を入れたい、もっといろいろと話を深めていきたいと思い、「ちょっと待って」と言いたかったのですが、子どもの意見を尊重しました。この話し合いから、保健委員会だけでなくほかの児童も、前年度の「砂糖水とレモン水に歯をつける実験」（甘いものを食べるとむし歯になる）で「知っているつもり」におおいに揺さぶりをかけられたことがわかりました。さらに、活動内容は集会発表や委員会だよりで随時知らせていたのにもかかわらず、ほかの子どものところにはなかなか伝わっていなかったこともわかりました。そこで深めるため、フィードバックすることにしました。

◆まずは動物の歯の学習から

転勤してきた先生のところに「牛の歯」を持っていき、

R（得意気に）「先生、これは何の動物の歯でしょう？」

「こりゃ、ワニじゃろう」

「違いますよ」

「ラッコか」

「違いますって。ヒントいりますか」

そこで、やっぱり調べてみたい「動物の歯」の相互学習からスタート。本を手当たり次第開いては、
H「先生、サルって人間の歯と同じですよ」

「どれどれ」

ある朝、Jちゃんが「先生、Jちゃんの見ましたか？」と言ってきました。

「何？」

J「猫ですよ。机の上に置いてあります」

「わぁ、うれしい。すぐ見てこよう」

机に資料があり「すごいでしょう」と書かれていました。すぐ「Jちゃん、すごいです！」と書いて「この猫の本、家にあるの？」

J「先生、Jちゃんね、土曜日に市の図書館に（車で二〇分）わざわざ連れて行ってもらって調べたんです。なかなかなくって、図書館のおじさんに本の調べ方を教えてもらったんですよ。コピーもしてもらったんですよ。これこれ」

「すごいね。本当にわかりやすい」

Ｊ「でしょう？　すごいでしょう？　すごくむずかしい本ばかりで、お母さんにも見てもらったんですよ」

図書館はとっても楽しかったらしく、みんなにもいろいろ話してくれました。「コピーさせて」「いいよ」。新しい資料が出されるたびに、大きな声で読んだり、互いに説明し合ったりします。

Ｒ「ライオンの歯はとがっちょる」、Ｈ「知っちょる、肉を切り裂くんじゃから」、Ｒ「動物園に行って見てみたい」、Ｙ「そばに行ったら食べられるよ」、Ｊ「そばに行くの？」

子どもの知りたい、わかりたいという気持ちはすごく、どんどん動き出します。みんなとても積極的です。

「委員長さん、これからどうしたらいいか聞いてみたら？」

Ｙ「意見を言ってください」

そして委員会だよりづくりが始まります。見たことや調べたことだけでなく、それを書くことで力はついていきます。自分がやったことで子どもたちの力はついていきます。

◆砂糖がそんなにはいっているの？——クッキーづくりで確かめたい

Ｒ「甘いもの甘いものっていうけど、お菓子って、本当にたくさん砂糖がはいっているんですか」、Ｙ「知らんよ。でも私がクッキーつくるときは、バターと砂糖はすごく入れるよ」、Ｒ「僕つくったことないもん」、Ｊ「先生、つくって確かめましょう」、Ｈ「つくり方は料理の本で調べたらいい」、

R「先生、砂糖二〇〇グラムって書いてある。ようわからんけど多い」と、クッキーづくり開始。分量をはかったら、目で見ても本当にたくさんの砂糖が使われています。H「すごい、多いじゃ」、Y「でも、全部入れんとおいしくないよ」、H「ほんなら入れるよ」、R「僕にまぜさせて」、Y「ちゃんと手を洗った?」と大騒ぎのうちに、できあがり! さっきまで、砂糖が多いと言っていたのに「やっぱり甘くないとおいしくないね」。いろいろな食べものには、見えないけれどたくさんの砂糖が使われていること、たくさんの砂糖がはいっているとわかっても、食べないようにするなんてことは無理、できないと再確認したようです。

◆学習から自分の問題へ

いろいろと実験や学習を仕組んで「わからない」「あー、わかった」という学習のステップを上がっていくのに、今一つ「歯」のことが子ども自身の問題として結びつきません。そこでようじで自分の歯をこすり、「歯こう」の有無を見ました。自分の口の中の「歯こう」を認識できれば、むし歯が自分自身の問題になると考えたのです。「砂糖水」に「歯」だけでなく「歯こう」も一緒に入れ「むし歯をつくってみよう」ということになりました。まずは、カリオスタット検査を始めました。保健委員は自信満々。「僕、ちゃんと磨いていますよ」「きれいなはず」歯こうを取って、ふ卵器に入れ、三七度、四八時間培養します。しかし、なんと保健委員の口の中は、「むし歯になりやすい危険な状態」と出たのです。

「僕、ちゃんと磨いているよ」「磨けてないんよ」「おかしい」

そこで、五年生に呼びかけ、カラーテスターを使って歯磨きチェックも始めました。

◆発表で達成感はあるけれど

発表を前に、応援の友だちも連れてきて、クイズの答えづくりを始めました。「僕、絵は下手です。よう描きません」と言っていた子も、「あんたは色を塗ったら？」「うん」「上手じゃ。ここをちょっと描いて」とみんなに認められ、褒められ、次第に自信をつけていきます。保健委員を育てていくのは子どもたち自身です。

学習したことは、必ず発表の場を保障していきます。保健委員が人の前で発表をしていくことは大きな自信につながり、そして学校の健康文化づくりにもつながっていきます。今回は、委員会だよりで事前に呼びかけたクイズの答えが中心です。準備が大変でしたが、当日は落ち着いて見えました。終了後、「緊張して間違えんと言えるか心配だった」「よかった。大成功」みんな「やったやった」の感想ばかりです。「やったやった」の中身は自分自身の充実感・達成感で、あとの反省も発表態度のことにとどまりました。「ここを伝えたい」という目標をもって、「発表でよくわかったかな」と自己評価できればよかったのですが。

◆友だちもまきこもう

発表しただけではわからないかもしれないということで、発表した内容を冊子にまとめることになりました。「何をしているん？」とほかの子ものぞいていきます。なかには「手伝いましょうか」と、絵や字を書いては「できた！　できた！」と一緒に達成感を味わっていく子もいます。

保健委員はカリオスタット検査をしてるので、自分たちのクラスでもしたくてたまりません。何度も説明して呼びかけます。しかし、「やってみよう」とは応じてもらえません。そこで、先生に協力をお願いし、やっと四年生と六年生がカリオスタット検査に挑戦。液は最初「青色」ですが、むし歯になりやすい人ほど「黄色」に変色していきます。時間がかかるので、「私のはどうかしら」と何度ものぞきにきます。四年生はほとんどの人がむし歯になりやすい危険な状態。そこで、家庭でも結果について話し合ってもらいました。

続いて六年生。口の中が汚れている給食直後とていねいに歯磨きした直後の二回「歯こう」を取りました。一回目「ズルズルする」「なんか給食の残りの色がついて気持ちわるい」。しかし二回目は「ツルツルして歯こうがない感じ」「色もつかん」。ていねいに歯磨きをすることの必要性が、子どもたちには目に見え、わかったようです。今回も給食直後には歯磨きを一生懸命する姿を、しばらくの間見かけました。しかし「歯磨きの必要性が『わかったからすぐできる。しかも、長続きしてできるようになる』」というわけではなく、いつの間にか元に戻っていきました。

◆むし歯をつくってみよう！（前年度実験の結果から）

歯こうを再確認できたので、次はむし歯をつくる実験です。子どもたちは、小さいころから「むし歯は甘いものを食べるとできる」とか、「歯を磨かないとむし歯になる」という考えをしつけられています。「砂糖水とレモン水に歯をつける実験」と「むし歯をつくる実験」で『なるほどそうだったのか』と納得できる（納得知）ものとしていきたいものです。保健委員が今まで調べてわかったことと、今回の実験の結果を結びつけられたとき、初めて子どもはわかったと納得できるのではないでしょうか。まずむし歯の原因については、空で言えるほど学習をし始めました。そして、むし歯をつくる実験開始。歯を砂糖水に歯こうと一緒に入れておくとどうなるでしょう。いつも最初に予想し合います。

「簡単！　むし歯ができるんじゃろう」「歯があって、砂糖があって、むし歯菌があって、時間があって……むし歯ができる。これ正解」

実験の話を聞いて、六年生もやってきました。そこで一緒に二〇人分の歯こうを集めました。ところで、準備した四本の歯のうち二本だけに、縦に半分ろうの膜をつけたいのですが、保健委員はみんなが見ているためか、緊張してうまくできません。「ああ、できません」「先生、一本やってみてください」というので、私が「どれどれ」とピンセットで歯を握り返そうとした途端、歯はろうの液の中にボチャン（本当に心臓がとまりそうでした）。「どうしよう。ごめんね」そばで見ていた六年生は「あー、失敗だ、失敗だ。先生が落とした」とはやし立てました。ところがR君が「先生、いいですよ。僕らがやっても失敗したかもしれなかったし、もう一本の歯も、全部ろうにつければいいから」

と落ち着いて言い、ほかの子も賛成してくれました。もし私が反対の立場で、目の前で子どもが失敗したとき、こんな言葉をすぐ言ってあげる余裕があるか疑問です。本当に「子どもってすごいな」と、教えてもらうことばかりです。このことはすぐ学校中のニュースになり、「先生が歯を落として実験だめになったんですか」そこで「失敗は成功の元よ。見にきてごらん」と宣伝しました。

実験結果を予想することにより、「知りたい、見たい、わかりたい」という気持ちが高まり、より実験結果が自分の問題になります。そして、そういう活動が繰り返されれば、子どもの力はつき、主体的な行動化へとつながっていきます。しかし、ふ卵器の中は外から観察しても変化がわからないままです。この実験結果が出るには約三週間かかり、長い夏休みをはさんでしまったのです。知りたいという気持ちを持続していけるように、時期や展開を考えていかなければいけません。

◆これって本当にむし歯？——実験結果が信じられない

二学期になって、

H「まだこの歯置いておくんですか」

「変化しているか見るの」

R「出していいんですか」、J「気持ちわるい」、O「ろうがすごいついちょる」、H「ろうをのけんといけん」

夏休みをはさんで七二日目、やっと活動が再開。

Ｈ「外からじゃわからん」、Ｏ「とにかく、ろうをのけよう」

「よく観察してからね」と机の上に出し観察。「変化してる？」

Ｒ「ろうじゃないほうが白くなっています」

「カッターでけずれるかもしれないよ」

Ｈ「やってみていいんですか」

「やってごらん。どうですか」

Ｏ「本当じゃ。カッターでけずれる。そのまま砂糖水につけていたほう」、Ｈ「うーん。何もせんかったほうがガリッてけずれる。やっていいよ」。けずれた歯の粉にさわりながら、Ｒ「なんじゃ、これ？」、Ｊ「歯じゃろ」、Ｙ「歯に決まっちょるじゃ」、Ｒ「最初はけずれんかったのにおかしい」、Ｙ「おかしゅうないじゃ」、Ｒ「えーっ」、Ｈ「でも、ろうにつけたほうはかたくて全然けずれません」、Ｒ「前に砂糖水につけておいた歯は、一年たっても全然変化せんかったのに」、Ｙ「今年のは、『歯こう』を入れたからよ。プラス歯こう」、Ｒ「わかりません。どうして？」、Ｙ「わからんの？　先生、それを考えるんですよね？」

歯があって、砂糖があって、むし歯菌（歯こう）があって、時間があって、「酸」ができてむし歯ができる、と頭ではわかっているはずですが、目の前に白くなってけずれる歯とはつながりません。

Ｒ「これってむし歯ですか。本当に？」と何度も確認します。

Y「先生、委員会だより書きます」、H「僕も」

「ちょっと待って。Yさんが書くのは簡単でしょう。R君に書いてほしいんですけど、どうですか」

H「僕、一緒に書く」

「四年生を育てんにゃね。そこで、YさんとH君にご指導をお願いしたいのですが、よろしいですか」

とくにR君に委員会だよりを書いてもらい、その過程で委員会全体の共通理解を図りたかったのです。

◆委員会だよりで育つ

Yさんは「任せて。歯と砂糖とむし歯菌と時間があって、むし歯はできるの、そうでしょう?」と、H君と黒板の図で説明し合います。

「そうそう、でも四つの条件じゃむずかしいかもしれんから、Yさんが前に書いた三つの条件と時間の関係で説明してあげたら?」

Yさんが「簡単」と言っていたら、R君がやってきました。Y「R君、委員会だより書こう」、R「この前のまとめていますよ。これでいいでしょう?」、Y「ちょっと見せて……、ここは書き換えたほうがいいよ」と早速指導。R「どうやって?」、Y「じゃから、……ここだけ教えてあげるから言うとおりに書き」、R「ようわからん」。

しばらくしてYさんは私のところにやってきて「R君、書くのも遅いし、よくわかってないんですよ」

「あれ、よくわかっていないR君にわかるように教えてあげるのが、あなたの腕の見せどころじゃないの？」

Y「でも、先生……疲れました」そこでもう一度、Yさん、H君、O君で、R君指導の作戦会議を実施。

「Yさん、それだけわかっているんだったら、大丈夫。R君もわかるよ。やがてR君がりっぱに育つのも、すべてYさんのご指導のおかげです。Yさんは神様です」と言うと笑って

Y「先生、教えるって大変なんですね」

「担任の先生の苦労がわかった？」とまた大笑い。

◆歯を守るにはどうすればいい？

どうしてむし歯ができるのかはわかったので、むし歯をつくらないようにするにはどうすればよいかを考えます。

R「砂糖のはいったものを食べんにゃいいんでしょう」、Y「あんたできるの？」、R「ちょっとだけなら」、Y「ちょっとだけじゃだめ！　むし歯はできるんよ」

「むし歯の原因は砂糖だけですか。四つの条件が重なるとできるんじゃないの？」

H「それはわかっています」

学校保健委員会で，1年生のブラッシング指導を実演

「じゃあ、どうしたらいいの？」

Ｏ「それは重ならないようにしたらいいんです」

「重ならないって、何？」

Ｒ「条件をのける。ああ、歯磨きですか」、Ｙ「今までもやっているよ」、Ｒ「ときどき忘れるけど」ということで、ビデオ「みんなで考える歯の健康シリーズ」で学習をしました。歯を磨くという行為は同じようでも、歯に関する意識やレベルにはかなり差があります。

◆つくったよ。歯磨きの仕方――みんなにも教えよう

今まで、Ｏ小では三分程度の曲をかけ、各自のやり方で歯磨きをしていました。ところがそのうち「みんな、前歯ばかり磨いています」「歯の裏を磨いていない」と保健委員が言い始めました。ビデオで学習していくうちに、「今までの磨き方では磨けていない」「磨き方に癖がある」と気がついたのです。

そこで、少しでも上手に磨けるように「ナレーション入りの歯磨きテープ」をつくることになりました。でも、「低学年は歯が抜けています」「矯正している人もいます」「グラグラで磨くと痛そうな人もいます」といろいろ。小学生は歯の生え変わる時期で、大変個人差があるのです。「むずかしい

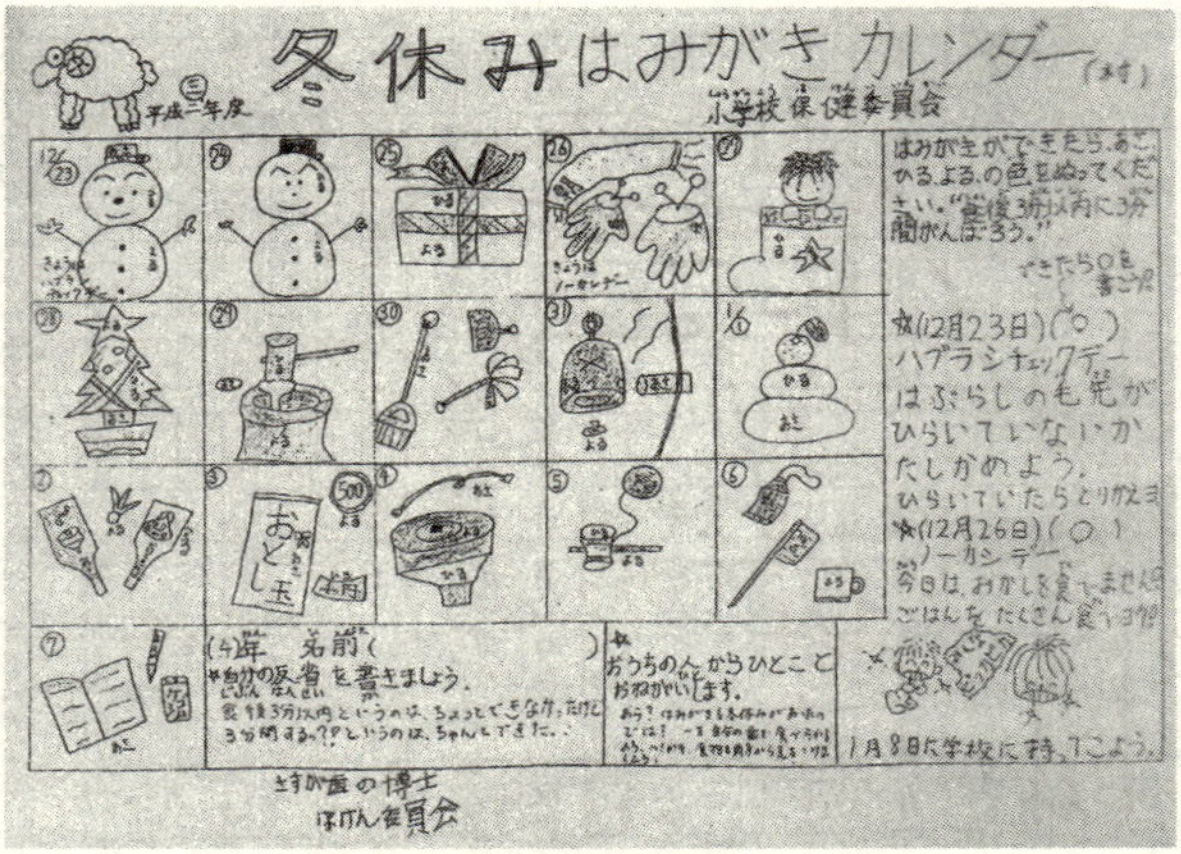

冬休みの歯磨きカレンダー

かも」「でも一応順番があったほうが全部磨けていい」。結局、「どの歯も磨くように順番をつけて、覚えておいたらいい」「磨きにくいところや磨き残しの多いところは、もう一度自分で時間をかけて磨けばいい」ということになりました。

◆お母さんたちもまきこもう――学校保健委員会での発表

活動内容を、学校保健委員会の場でも発表することにしました。活動内容は、委員会だよりや健康だよりでお知らせしているのですが、もっときちんと伝えておきたかったのです。まず保健委員が日ごろ一年生に指導している歯磨きの様子を実演。出席していたお母さんから「家で子どもが言っていたことがやっと一つにつながりました」「歯ブラシの持ち方が勉強になりました」「こんなに一生懸命やっているなんて、思いませんでした」「涙が出そうでした」という感想をもらいました。一方、保健委員は「お母さん方、歯磨きの仕方を聞くだけじゃなくて、僕らが一年生にやっているみたいに、家でもやってくれたらいいのに」「最初の実験から順番に言ったから、僕は説明がしやすかったです」の感想。堂々として、発表の場を保障していくことは本当に子どもの力をつけていくものです。

◆冬休みの歯磨きカレンダーは僕たちでつくろう

「冬休みの歯磨きカレンダー、どんなのにしようかな」

R「先生がつくっていたんですか」、H「決まっちょるじゃないか」、R「僕、手伝いましょうか」、Y「保健委員会でつくりましょう」、R「僕らが全部つくってもいいんですか」

「お願いできますか」

今年は歯を守るための一つである歯磨きの重要性を実感していましたので、委員会で冬休みの歯磨きカレンダーもつくることになりました。見ると、朝昼夜と、一日三回の形式です。

「今まで朝と夜の二回でも、なかなかできんかったのよ。一日三回じゃ、とっても無理じゃありませんか」

Y「でも先生、食べたらすぐ磨かないと、むし歯菌は待ってくれませんよ。いいからいいから。一日三回。できるだけ食後三分以内に三分間磨くのが常識です」、H「枠は僕が書くから」、R「僕、あまり書けんけど、絵を一つは描く」、O「僕は字のところも書く」、通りがかりの子どもも「私も描きたい」

と一緒に描いてくれました。配布したところ、カットがかわいいと評判でした。歯磨きの大切さがわかって作成した歯磨きカレンダー。保健委員は「人から押しつけられたもの」から「自ら行動できる」ようになったのでしょうか。

◆見てください。保健委員ががんばった歯磨き

J「先生、見ました？　私のカレンダー」

「まだよ。みんなで見ようと思っているから」

J「パーフェクトですよ」

「パーフェクト？　すごいね」

J「お正月、親戚の家に行くときも、歯ブラシ持って行ったり、すごくがんばったんですよ」至急集合をかけました。

「Jさんね、冬休み中、全部歯磨きができたんだって。すごいね」

Y「私もできましたよ」、H「僕、一つだけできんかった」、R「僕もちょっとおしかった」、Y「だって、私たちがつくった歯磨きカレンダーだもん」

実際に、冬休みの歯磨きカレンダーを集計して驚きました。保健委員が本当によくがんばっているのです。そして一緒に手伝ってくれた子も。自分たちで主体的に作成したカレンダーだと、こんなにがんばれるものなんですね。提出されたカレンダーには、保健委員からのメッセージを一人ずつに書

いて返しました。

5. 続く健康文化づくり（三年目）

◆歯の「物知り博士」から本物の「歯の博士」をめざして

三年目の保健委員は六年生H君、五年生R君、K君、Sさん、四年生Nさん、Fさんの六名です。前年度の活動を、前年も保健委員だったH君とR君にスライドで説明してもらいました。「保健委員会を全校でいちばん活動する委員会にしようね。でも今までの人たちが『歯の博士』をめざしたからって、今年も『歯の博士』でなくてはいけないということはありません。ただ一年間を通してみんながやりたいものを、みんなで考えていこうね」

K「先生、僕は歯がやりたいです」

「先生に言わんで、みんなに言って」

S「私も歯の博士になりたい。またやってもいいでしょう」、転入生のF「『砂糖水とレモン水』に歯をつけておく実験がやりたいです。あれ、本当ですか」、R「あるよ。あそこに。砂糖水のほうは全然変化してない」、N「前に見たけど、忘れたから私も実験がやってみたい」、R「同じでもいいんでしょう。歯をもっとやりたい」、H「先生、僕、むし歯のことはわかったけど、歯ぐきのこととかまだ勉強していません。まだですよ。まだ知らないことがたくさんあるから、本物の歯の博士になっていません。今年も歯の博士を続けてやりましょう」

子どもたちにとって、本物の歯の博士とはなんでしょう。子どもたちの「もっとわかりたい」「もっと知りたい」という気持ちを大切にし、子どものからだを主人公にしていく援助、活動を仕組んでいきたい。その展開ができれば、子ども自身が歯の健康を自ら守っていくこともむずかしくないのではないでしょうか。見守っていると、最初は全員で既成の「歯のクイズ」に挑戦していました。先生方に「保健委員は歯のことをよく知っていますね。くわしく説明してくれます」と言われます。たしかに保健委員の今までの学習は「知識」としてよく残っています。歯の物知り博士として満点です。今回も「すごいね」と言うと「やっぱりこんなんじゃなくて、みんなが知りたいと思っている疑問を集めてやろう」さらに「先生、牛乳パックとか使って本物みたいな動物の歯もつくってみたい」。

◆ゾウの歯をつくってみよう

本で動物の歯を学習中、大きな「ゾウの歯」に出会いました。「これすごい。本物か」「牛の歯みたいに本物があるといいけど。ないからつくってみよう」。

「つくるのなら、途中でやめないこと」だけを約束し、作業を開始。「大きさだけじゃなくって、重さもきちんとつくろう」と言い出したのには驚きました。以前に私が新生児人形の重さを出すのに石を入れていたのを見ていたのです。紙粘土で本を見ながらつくります。いつの間にやら、元保健委員のM君もやってきてつくっています。

R「先生、M君どうするんですか」

「何が?」

R「いっつも一緒にゾウの歯をつくったんですよ。発表のときはどうするんですか」、K「一緒にしたらええじゃ。一緒にやったんじゃから」

「M君、どうする?」

M「僕、保健委員会じゃないですよ。いいです」、H「ええじゃ、出れば」、K「一緒にやったから一緒に出る。これが常識! M君、ゾウのクイズをやったら」

◆本物はすごいね

Fさんが「うちの『タル』(小型犬)の歯です」と乳歯を持ってきました。「小さいんです。グラグラしていたので、引っぱったんです」

「犬も歯が生え変わるんか」「知らんかったん?」

「いつもタルの口の中を観察していたんだね」

「猫の口もこじ開けてよく見ます」

いつも相互学習のスタートになった動物の歯。ぜひ本物を見る機会を持ちたいと思っていました。子どもたちも、動物園で「チンパンジーとオオカミ」の骨格標本を見たことを忘れてはいません。「先生、動物園で本物を見ましょう」「でも、ライオンとかは近寄れんし、口も開けてもらえんかもしれん」「犬なら押さえて見れるけどね」「口開けてみるの？　こわ」

「見学するなら、目的がなけりゃ」

「質問か……すぐまとめます」

動物園で話を聞く

やっと実現した動物園の見学。ライオンの歯は本当になんでも切り裂けるように鋭いし、シカやシマウマの歯は草をすりつぶしやすそうです。「ライオンの歯は切り裂くのにはいいけど、切り裂いたあとはどうするんじゃろう」「丸呑みしかない」。子どもは実物に出会うと、いろいろなことを考え、意見をたくさん出します。骨格標本を見たり、ダチョウの卵を抱かせてもらったりしながら、突っこんだ質問をするので動物園の飼育係の方が驚いて「おじさんよりくわしい」と言われ、子どもたちは大満足。ちなみに、保健委員が本で調べてつくったゾウ（インドゾウ）の歯と、徳山動物園のゾウ（マルミミゾウ）の本物の歯は、大きさがずいぶん違いました。本物を見る機会、本物に触れる機会は、本当に大切です。

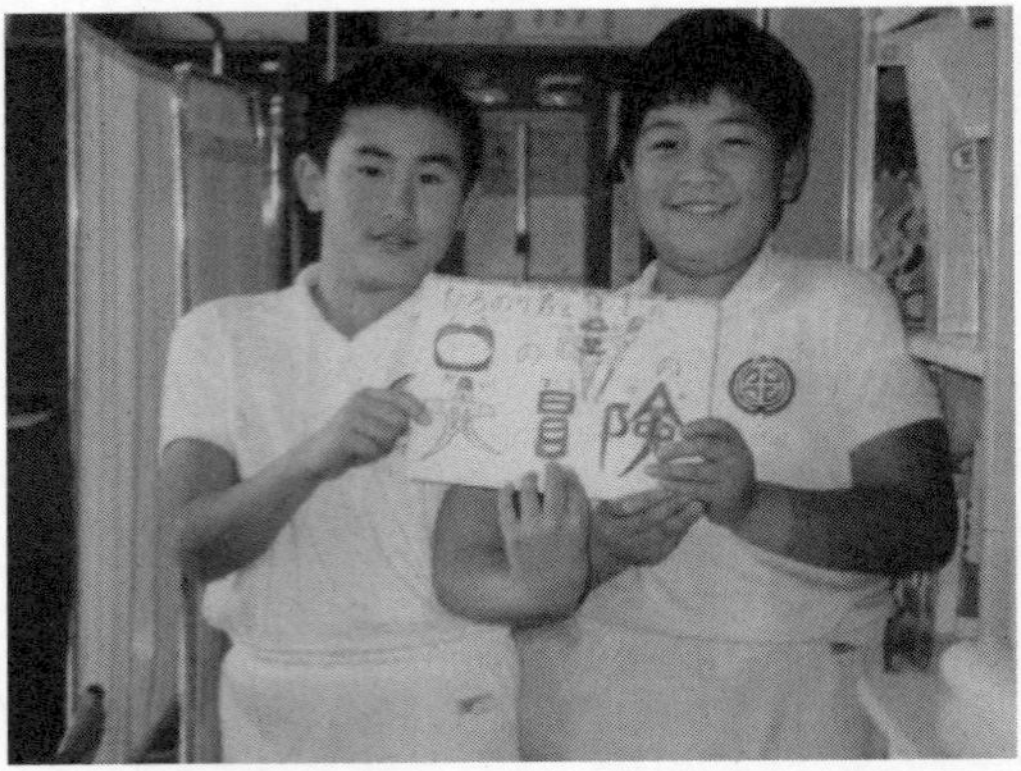

『ひろのり君と博士の口の中の大冒険』できあがり

◆絵本をつくって歯を守る

五年生が図工で絵本づくりをしました。

S「先生こんなんつくったんですよ」

「絵も字も自分で考えるの？　よくできてるね。すごい」

S「全部自分ですよ。全部」

「世界に一つしかないSさんだけの本ですね。先生もほしいです」

R「僕のも見てください。いいでしょ」

「いいですね。上手です」

K「保健室にはたくさん絵本があるけど、僕らで歯の絵本をつくりましょう」、R「歯を守るために、一人が一冊つくってもいいですよ」

事前に「本づくりは四人くらいのグループが適当ですよ」と同僚から教えてもらっていたので、結局男女別、三人のグループで一冊ずつの絵本づくりをすることになりました。絵本づくりの経験がある五年生男子が二人いるグループは、すぐストーリーを展開し始めました。「ちょっとわかりにくいよ」と言っても、自分たちでつくったものは思い入れが強く、なかなか冷静に見られません。そこで担任の先生にもアドバイスをもらいました。女子グループには「全部、ストーリーをつくるのが大変だったら、これを入れたいというのを出し合ってもいいし、男子は『砂糖水とレモン水の実験』を入れているけど、そういうのもいいんじゃない？」。できあがったら一年生から順番に読んでもらうという目的があるので、がんばります。絵本づくりのプロセスの一つひとつが素晴らしい活動でした。保健委員会が作成した絵本『ひろのり君と博士の口の中の大冒険』『たかひろ君のむし歯はいやだよ』が完成。どちらも世界に一冊だけの絵本です。歯の博士をめざす活動は、このあとも続き、絵本も六冊になりました。

6.　子どもたちそして大人たちの変化

◆自分の歯の治療に関心をもつ

今までむし歯の治療届けを持ってきた子どもに「歯医者さんにね、どんなこと言われた？　それでどんな治療をしてもらったの？」と聞いても「わからん」「えっとね。お母さんが聞いた」の答え。むし歯の治療には行ったけど、「自分の歯」という認識や「歯を守る」という意識はほとんどありませんでした。しかし、保健委員会が「歯の博士」をめざして活動していくなかで「まだかるいむし歯なので、ちょっとけずって埋めたんです」「最初はゴムをかけておいて、矯正するんです」と変わってきました。そこで、「あなたはお医者さんに自分の（歯）をなんて言われましたか？　また、あなたの（歯）はこれからどういうふうに治療するんですか？　そしてお医者さんに行った感想を書いてください」《保健室への手紙――（　）の中は目や耳などに変わる》を治療勧告書とともに配布しました。それもあって自分の健康問題として、歯の様子や治療内容を歯科医さんに積極的に聞けるようになりました。

《保健室への手紙より》

◇ＹＭ（五年生）　乳歯にむし歯がありました。永久歯が下から生えてきているけど、乳歯が抜けるのは時間がかかるので、抜こうといわれました。歯医者さんに行くのは、生まれて三回目です。歯医者さんに「よく歯をみがいているね」と言われた。とてもうれしかった。今度からもちゃんとみがこうと思った。

◇ＴＭ（二年生）　あたらしくむしばはできてなくて、ぎんばがとれただけでした。とれたところのあながあいているときは、たべかすがつまっていたけど、銀を入れてたべかすがつまらなくて、すっきりした。

◆学校および家庭のリーダーとして

学校での歯磨き指導は保健委員会が中心ですが、家庭での親子歯磨き運動やカラーテスターを使ったブラッシング指導では、一人ひとりの子どもが家庭の中心です。「自分が歯磨きをするときに誘って、弟たちの歯磨きもみてくれます」「お母さん、うしろから見て毛がはみ出ていたら、歯ブラシを新しいのと換えるんよ」「ジュースを冷蔵庫にたくさん入れておかんで。麦茶を入れて」「子どもに言われて三分計の砂時計を買いました」という話をたくさん聞くようになりました。

◆委員会活動を盛り上げてくれるお母さんたち

今まで、保護者は学校保健委員会で、ただ学校側の話を聞くだけでいいという考えがありました。しかし、「歯の博士」を展開していくなか、あるお母さんが、「学生のときに習ったので、つくってみました。〇〇菌はにがいので、砂糖をたくさん入れて甘くしないと飲みにくいんです」と乳酸飲料と実際に含まれている砂糖をビンに入れて持ってこられました。また、むし歯がひどく仮歯を入れていた子の家庭も「先生、テレビで歯の磨き方をやっていましたから、録画しておきました。使われませんか」と、歯に関するＴＶの録画や雑誌の切り抜きなどの情報を、学校に提供してくださるようになりました。

◆学校歯科医のアドバイス

学校歯科医は、歯科検診のさいに子ども自身のつめで、ついている歯こうを確認させたり、鏡で不正咬合をわかりやすく説明したりします。しかし「砂糖水とレモン水に歯をつける実験」については「これは理科の実験で、歯について教えたことにはならないよ」と言われました。ショックを受けましたが、このあとも委員会だよりなどで、この先生に随時活動の様子を知らせていきました。すると「今どんなことやっているの?」「この本で調べてごらん」と資料を提供してくださるようになりました。子どもたちが試行錯誤しながら、歯について学習しているのを理解してくださったのです。

◆自分を発揮できる場——元保健委員の感想

卒業していった元保健委員に「歯のことや委員会活動について、今、どのように考えているか」聞いてみました。歯に対する考え方の変容があったか、自己評価してもらったのです。

◇J(四年生で一年間)一年間という短い期間のなかで勉強したことは、たくさんあります。私は猫の歯を調べるのに、市立図書館にお母さんと行って調べました。ファイルなんかそのたまものです。「歯磨きタイム」のナレーション入り『ちびまる子ちゃんのおどるポンポコリン』テープをつくったのも私たちだし。冬休みの歯磨きカレンダーをつくって、パーフェクトにしたのも忘れません。ちなみにO君やNさんは中学校でも保健委員としてがんばっていますよ。(中学一年生のときのコメント)

◇M(六年生の一年間)

私の保健委員会の思い出。まず「むし歯がなくなった」これでしょう。ここ数年、歯の検査はすべて「むし歯なし」なのです。おかげさまでここ数年、歯医者には行っていません(半年に一回は行くべきなのですが)。中三のときに三秒くらいで検査が終わって「あれ? えらい早い……」と思っていたら「あとから来い」と言われて、歯のガンとか重い病気なんじゃないかと心臓ドキドキさせて行ったら、なんとなんと……「よい歯のコンクールに出ませんか」と言われました。結局歯並びが少しわるいので出ませんでしたが。歯についての知識は、保健委員会での経験でたくさん身につけることができました。当時六年生だった私は、たしかにあの活動で歯についての認識が変わったのです。目で見たこと、自分で調べたこと、人から聞いたこと、すべて私にはよい経験でした。だから今も「むし歯の図」「レモン水の中のドロドロに解けた歯」が忘れられないのでしょう。「百聞は一見に如かず」といいますが、やっぱり自分でやって確かめることは大切なのですね。たくさんの人に、自分の目と耳と手で感じたり、考えたりしてほしいと思います。みんなが私のようないい経験ができたら、きっとむし歯も減るでしょう。歯っていうのは、いちばんお世話になっているところなのに、お世話してもらえないということの多いところだと思います。私は七十になっても八十になっても入れ歯はしません。「一生自分の歯で食べてやる」と心に誓っています。保健委員の皆さん、ときどきはどんなことをしているのか教えてもらえたらうれしいです。（高校一年生のときのコメント。現在は保健師）

◇Ｏ（四年生の一年間）

小学校のときは楽しかったでござい　ます。ひと言で言うと「入れ歯になるな」そんなことでしょう。委員会活動にファイトをもってもらいましょう。（中学一年生のときのコメント）

◇Ｋ（五・六年生の二年間）

歯の健康は自分の財産だということです。大人になっても虫歯がないのは、すばらしいと思ってい

ます。財産をなくすのも守るのも自分だと思います。思うだけじゃダメなんですが……。（中学一年生のときのコメント）

四年生のときに保健委員会にいてほかの委員会に変わったあとも、年中保健委員会にやってきて、活動を一緒にしたM君がいます。彼にとって「歯の博士」や「歯」はいったいなんだったんでしょう。そのときはよくわかりませんでした。しかし、いろいろな子どもたちとの出会いのなかで、少しわかったこともあります。たとえば四年生だったO君。彼はみんなが何か始めようとするたびに、すぐおもしろいことを言い始めます。私からみると、とくに時間がないなって思っているとき。そしてみんなで笑っているうちに、結局時間切れ。私は少しどうにかしてほしいという気持ちももっていたのです。ところが、年度末に五年生のT君が「O君、いつもおもしろいことを言って笑わせてくれてありがとう。おもしろかったよ」と言うのを聞き、ガーンと頭をたたかれたような気がしました。自分の生活やからだについての問題をみつけ、それを解決するため、仲間と一緒に活動できる子どもになってほしいと願うあまり、成果だけを追っていたのです。委員会は仲間をつくり、けんかしたり、おしゃべりしたり、楽しく交わることのできる場であり、しかも協力し、達成感も味わえる場でした。そして子どもたち自身が何をするか、話し合いで決定できる場でもありました。そのときたまたま保健委員会では「歯」をテーマにしていただけ。だから、M君にとっては「歯」の魅力というより、委員会は自分を発揮できる場であり、ほかの子どもと信頼関係をつくり、交流でき協力できる場でもあったので大切だったのです。

◆転勤先でも子どもたちの力を信じて

大規模なT小、そしてT小とほぼ同規模なI小に転勤。また初めての委員会活動の日、「保健委員会はI小の健康のリーダーになろう。何かやってみたいことはない?」「……」一二名の子どもたちはシーン。何の反応もありません。

「そういえば、I小の子はストーブの番がしたくて保健委員会にはいったとか聞いたけど、本当?」「うん。本当。冬暖かい」「先生、せっけん液配っているよ。それじゃいけんの?」「うん。それも大切よ。……」健康文化の伝統がないいんだなと感じつつ、動機はストーブの番でも一緒に活動できたらと願いました。

そこでO小やT小の活動を紹介したところ、「先生、それって自慢?」「やらん」「できんよ」「T小とI小の子は違うよ。できん」。今まで委員会活動をしていなかったら、めげていたかもしれません。「何言っているん。子どもは違うはずないじゃ。どこの学校の子もかわいいし、できるよ。一緒にやってみよう」私が子どもを信じないかぎり、子どもたちは動き出しません。まずは子どもたちの興味・関心があるもの、やる気を引き出せるものは何かと、みんなでおしゃべりし始めました。そして「みんなはできるよ」「あなたをあてにしているよ」「すごい力をもっている」と、信じはたらきかけていくと、子どもたちはやりたいことがいっぱい出てくるのです。ただ、経験がないのでそのための方法や見通しがもてず、できないと思いこんでいます。まず、「あなたができることは?」「時間はどうする?」と子どもと一緒に考えていきます。すると、「やらんでもいい!(やりたくない)」から「やらんでもいい?(やりたいんだけど、出番はないんですか)」と子どもたちは変わっていきました。

年度末に「あなたについた力はなんですか」と聞いたとき、自信をもって「自分で調べる力」「自分の意見をみんなに伝える力」「自分の健康を知る力」「取り組む力」と答えてくれました。知識や経験は、すべて子どもの力となっていったことがわかりました。

◆委員会活動の経験を生かして

第三十三回(二〇〇三年八月五~七日)全国養護教諭サークル研究集会が、山口で開催されました。委員会の子どもと一緒に何かやりたいという気持ちだけいっぱいの私は、早速事務局に入れてもらいました。開催まで何度も何度も会議、そして準備活動。そのプロセスはなかなか大変でした。しかし、自分たちで考えつくり出していく楽しさ(もちろん苦しさも)を満喫させてもらい、プロセスこそが学びであり、研究集会も一つのプロセスだということを実感しました。「実行委員会とは、これまであなたたちがやってきた保健委員会活動のようなものだ」との友定先生の言葉を聞くまでもなく、これこそ委員会活動の醍醐味でした。養護教諭が委員会の子どもたちにはたらきかけ、子どもを育てているつもりが、委員会活動を通じて子どもたちが養護教諭を育ててくれているのです。

第2章

「こうしたい」と「待たなくちゃ」のはざまで

——傷つけ合う言葉と心を考えた委員会活動【小学校】

1. 山村留学制度のある学校で

本校は、山口県の北東部に位置し、人口一四〇〇人あまりの小さな村にあります。過疎化が進み、平成十八年には、近隣の市町との合併が決まっています。しかし、この村は、じつは昭和六十二年度から、過疎化に歯止めをかけようと、ある取り組みを続けてきました。

それが、山村留学制度です。都会から子どもたちを呼び、豊かな自然のなかで四季折々のいろいろな体験をさせながら生活させようというものです。東京、大阪、福岡、広島など、全国各地から毎年十数名の子どもたちが親元を離れ、山村留学センターという寮のような施設から本校に通学しています。短くて一年間、長いと小・中学時代のうち八年間をここで過ごした子どももいます。山村留学生は、現在のべ三二〇名をこえ、全国あちこちでその体験を生かして活躍しています。このことは、この村の大きな特色であり、自慢でもあります。

村の人たちは、日本中の子どもたちを育てようと広く温かい気持ちをもち、学校教育には大変理解と関心があります。しかし、一八年目を迎え、山村留学する子どもたちの実態は、徐々に変化をみせつつあります。かつては、豊かな自然のなかでの体験にあこがれてくる子どもがほとんどでしたが、最近は、不登校やいじめなど友だちとのトラブルや家庭の事情で、ここに再起をかけてやって来る子どもも少なくありません。

小規模校では、保育園から中学校まで同じメンバーで人間関係が変わらないこともめずらしくありませんが、ここでは留学生が毎年新しい風を運んでくれることで、地元の子どもにとっても地域にとってもよき刺激となり、お互いが成長できている部分が大きいようです。

◆健康課題がみえない

四月、ホームシックの留学生たちをどうケアしようか、前の学校で不登校だった子は来れるだろうか。私のそんな予想は見事に裏ぎられ、今まで不登校だった子も、留学センターにいるよりは学校にいるほうがよいらしく、必ず登校してきました。ホームシックにかかった子も、留学センターで大泣きしても、学校では寂しさを押し殺してじっと耐えているという様子でした。子どもたちも新しい生活に慣れようと必死で、保健室に来るゆとりもないようでした。

私は、子どもたちがいつ来てもそこで温かく迎えようと、保健室を離れないよう意識して仕事をしていました。しかし、来室者は思ったより少なく、職員室の先生には、「保健室で何しよるん？」と不思議そうに聞かれたこともありました。

私がかつて経験した小規模校では、旅費や給与などの事務の仕事も、給食関係の栄養士の仕事も養護教諭がなんらかのかたちで兼ねていたことがあり、そのときは、矛盾を感じながらも重宝がられることで自分の存在価値を認められているような錯覚をしていました。

しかし、ここでは、事務主任も栄養士もきちんと配置されており、私は養護教諭の仕事に専念することができる恵まれた環境にありました。うれしい反面、養護教諭の役割というものを、自分自身がしっかり自覚していないと見失ってしまいそうな不安にかられました。

◆保健室から出てみたら

子どもたちに必要な力は何か、私はどんな力をつけさせたいのか、実態を探りながら、養護教諭としての自分自身の役割を考えていくことにしました。

まずは、健康診断の結果をまとめて実態をつかもうとしましたが、少人数のため、統計をとることさえ無意味な気がしました。健康面で特別な配慮を要する者もなく、来室者が多いわけでもありません。生徒指導的問題が日常にあふれているわけでもありません。明るく素直でのびのびと活動する子どもたちからは、すぐには課題がみえてきませんでした。

しかし、保健室を出て、担任の話や個々の子どもたちの日常に目を向けると、そこには、さまざまな課題がみえ隠れしていました。

◆不安定な親子関係

一年生のなかには、ときどき登校をしぶる子がいました。門をくぐってしまえばどうということはないのですが、門の前まで祖母や母親についてきてもらい、担任が迎えに出て引き渡されるということがときどきみられました。担任も親も本人も、なぜみんなと一緒に登校できないのか、わかりませんでした。ただ、門の前に来ると足がすくむようです。学校に慣れるにつれ、徐々にその回数は減っていきましたが、当初、親は「子どもの気持ちが読めない」と、不安を募らせていました。担任も、学校での人間関係、家庭での親子関係を振り返り、原因をみつけようとしていました。

一方、留学生は、親元を離れ生活するなかで、今まで意識したことのない家族への思いを募らせていました。子どもから電話をかけることが禁止されているため、毎日のように家族に手紙を書く子もいました。その気持ちに応えるように遠方の親も、月に一度の参観日には少々無理をしても顔を見せました。今まで一緒にいるのが当たり前だったのが、離れてみてお互いの愛情を再確認しているようにも感じられました。

◆攻撃性と無関心が目立つ友人関係

三年生のA君は、言葉も態度も乱暴で、言いたい放題、したい放題で幅をきかせていました。授業中でも気にいらないことがあると大きな声で授業妨害をし、教室を出ていきました。怒らせるとやっかいなので、まわりの子もとくに注意するでもなく、A君のすることは、あけて通す感じでした。A君の父は、アル中で仕事もままならないため、再婚した義母と四人の兄弟は、祖母の年金を頼りに生活していました。お腹をすかせたA君は、いつもイライラし、落ち着きがありませんでした。

A君をはじめとして善悪にかかわらず、攻撃的な態度や自己主張が強い者が優位に立ち、うまく自分の気持ちを表現できないものが泣き寝入りすることは、たびたびみられました。次第に自己の問題解決能力は低下し、お互いに深くかかわらず、無関心な関係をつくっているようにも感じられました。しかし、根本的な問題が解決するわけではないので、自分の気持ちが伝わらない、わかってもらえないというストレスは蓄積され、やがて伝える努力もしなくなっているような気がしました。

◆大きな学力差

留学生としてやってくる子のなかには、学習面で遅れがみられる子が少なくないため、少人数であっても担任は、毎年学級内の学力の開きに苦労していました。

三年生のBさんは、留学生ではありませんが、勉強面では皆に比べて遅れがみられました。三人きょうだいの長女で、生活面ではしっかりしているところもありますが、勉強中は「わからない。できない」ということも言えず、教師が気づいて手を貸すまで自分の世界にひたってぼんやり待っている子でした。友だちに嫌なことをされても、じっとがまんするか、笑って平気な顔をしているようなところもありました。

不登校やいじめとか、すぐにキレるとか、現在の子どもたちのさまざまな問題は、人間関係がうまく結べないことも原因の一つであり、とくに言語によるコミュニケーション能力が不足していると思われます。親子関係においても、友人関係においても、お互いに自分の気持ちをもう少しうまく伝えることができたら、もっといい関係が築けるのに……と感じられました。このことは、個人的な指導や小集団を対象にした指導ではなく、学校全体で考えていきたい課題です。

◆心の問題を掘り下げよう

本校の学校保健委員会は、年三回定期的に開催され、一見とても活発に行なわれているようにうかがえました。しかし、実際には、参観日と同じ日に計画したり、対象者を広げたりして工夫しても、保護者の参加者が少ないことに苦慮していました。児童保健委員会も調べたことを発表したり、親子で楽しめる集会的な活動を計画したりと奮闘していましたが、イベント的な内容は、一時的な関心を集めても、そのことが生活のなかには反映されにくいことから活性化にはつながっていませんでした。

保護者が求めているのは、イベント的な内容ではない、もっとほかに知りたがっていること、求めていることがあるのではないか、そんな気がして、学校保健委員会で取り上げてほしい内容を、保護者にアンケートで尋ねてみることにしました（次ページ図参照）。

基本的生活習慣から環境問題までさまざまな意見が寄せられましたが、職員の意見を合わせると、なかでも心の健康がいちばん高い関心事でした。

2.「心の健康〜ことばを通したコミュニケーションづくり」にテーマが決まるまで

自分自身の役割、子どもの実態を模索するなかで、委員会活動は、私と子どもたちの距離をいっそ

平成11年10月6日

保護者各位

小学校
校　　長
ＰＴＡ会長
保健体育部長

学校保健委員会アンケート

学校保健委員会では、学校・家庭・地域の皆さんと一緒に、健康に関する問題を解決していこうと努力しています。つきましては、より有意義な活動をしていくために、皆さんのご意見をお聞かせください。おそれいりますが、１０月15日（金）までにご提出ください。

1　健康に関する問題のうち、関心の高いものに一つ○をしてください。
　また、その中の具体的な項目にも○をしてください。
　（個人的な問題に限らず、学校や家庭、地域全体で解決していかなければならないようなこと）

（　）心の健康に関する事項
　（　）① 親と子のコミュニケーション
　（　）② ストレス
　（　）③ ことばづかいやあいさつ運動
　（　）④ その他〔　　　　　　　　　　〕
（　）食生活に関する事項
　（　）① 朝食のとり方
　（　）② 生活習慣病（肥満等）対策
　（　）③ 間食のとり方
　（　）④ その他〔　　　　　　　　　　〕
（　）環境や安全に関する事項
　（　）① 通学や日常生活についての安全
　（　）② 環境問題と健康への影響
　（　）③ 薬物乱用
　（　）④ その他〔　　　　　　　　　　〕
（　）健康な生活の実践に関する事項
　（　）① 基本的生活習慣
　（　）② 体力つくり
　（　）③ 定期健康診断の結果
　（　）④ その他〔　　　　　　　　　　〕
（　）その他

2　会への要望や感想などがありましたらお書きください。

〔　　　　　　　　　　　　　　　　　　　　〕

ご協力ありがとうございました。

学校保健委員会アンケート

う近づけてくれるものとしておおいに期待しました。委員会の子どもたちとともに、健康面を糸口に生活面、学習面までも充実させ、この学校をもっと元気にさせたい、活気づかせたいと思いました。

本校の保健委員会は、四年生から六年生までわずか五名ですが、子どもたちの生の声を聞き、主体性を大事にしながら、養護教諭が直接指導援助できることから、学校保健活動の推進においても、とても重要な役割を担っています。

子どもたちとともに、まずは実態を探ろう……そんな思いで委員会活動に臨みました。

◆指示待ちの委員たち

これまでの本校の保健委員会の活動内容は、石けん液の補充や水質検査などの常時活動に加え、歯の衛生週間の集会活動を計画したり、目の愛護デーに掲示物をつくって掲示したり、学校保健委員会で調べたことを発表するなどの活動を行なっていました。

子どもたちは、大変活発で、みんなの前で何かを発表するということには抵抗なく、むしろ、「先生、今年は何をするの？」と、楽しみにしている様子がうかがえました。しかし、子どもたちのほうから「これをしたい」という意欲的な思いはなく、年間計画を立てるときも私の指示を待っているという感じでした。

「この学校のみんなが健康で楽しく、もっと住みやすい学校にするために、保健委員としてできることを考えよう」と投げかけましたが、漠然と「歯にする？」「目にする？」「骨は、去年したし……」

といった具合で、まとまりませんでした。

二学期、三学期の学校保健委員会では、児童保健委員会としてもなんらかの問題提起をしたいという思いはありましたが、このときは、何をテーマに取り上げるか計画が立てられず、「みんなに困っていることはないかを聞いておこう」ということで先送りとなりました。

◆子どもたちの声を聞く

私のなかでは、攻撃的な態度や自己主張が強い者が優位に立ち、うまく自分の気持ちを表現できない者が泣き寝入りするという、子どもたちの様子がずっと気になっていました。お互いの気持ちに鈍感とも思える心ない言葉や元気のないあいさつも、その思いをいっそう強くさせていました。

朝、子どもたちとすれ違っても、こちらからあいさつすれば返ってきますが、自分からあいさつする子は少なかったのです。教師に対しても友だち感覚で、場に応じた言葉遣いも苦手でした。甘えとわかっていても親元を離れて生活している留学生に対しては、教師もどこか大目にみているようなところがありました。友だちどうしでは、「くそばか」とか「死ねーや」とか「汚いから寄るな」などの乱暴な言葉が行き交っていました。ただ、言うほうも言われるほうもさほど気にしていないようにもみえ、私自身もこのことを問題にすべきかどうか悩んでいました。

◆「この学校の子の言葉は乱暴」「親とは話すことがない」

ある日、保健室に本を読みにやってきた六年生の女子数人に、以前保健委員の子どもたちに投げかけたのと同じことを聞いてみました。

「この学校をもっと楽しい学校にするために、保健委員さんとね、何をするか考えているんだけど、これを取り上げてほしいというようなこと、何かない？」

だれもすぐには思いつかない様子でした。

「環境のこととか、心が元気になることとかね。たとえば、みんなが気軽に使っている言葉だって、相手の気持ちになって考えてみたことある？　結構乱暴な言葉が行き交ってるように思うけれど、どう？　あんまり気にしていないのかな？」というと、留学生の東京都出身のCさんが「あっ、そうそう、私この学校にきたとき、言葉が乱暴っていうか、汚いのにびっくりした」と言い、地元の子で、保健委員でもあるDさんは「全然気にならない」と言います。

さらに、家族との会話の様子を聞いてみると、EさんやFさんは、「お父さんとは、ほとんど口きかない。話すことがない」という話をしてくれました。そのほかにも、「お母さんは勉強のことばっかり言ってうるさい」という話も出て、ひとしきり言葉についての話題で盛り上がりました。

子どもたちのこうしたつぶやきを大事にしたい。そんな思いを強くしました。子どもたちの声、保護者の意見などを考慮しながら保健委員会の子どもたちとともに話し合い、学校保健委員会の場を利用して問題提起をしていきたいと考えました。

◆教師の思いでテーマを決める

児童保健委員会は、一学期は、歯の衛生週間に歯のクイズを解きながらのウオークラリーをしたものの、十一月の二回目の学校保健委員会で保健委員として何を問題提起するかについて、何も決まらないまま二学期を迎えました。

男子は、理由はとくになく、目や歯、手、足などのからだの何かを調べて発表することにこだわっていました。もちろん、目や歯も大事な内容ですが、保健委員といえば、からだに関することのみに目がいき、日常の生活のなかでの問題や、間接的にからだに影響を及ぼすことにまで目が向かないことに、私は少々物足りなさを感じていました。

また、「楽しいだけの活動ではなく、保健委員が投げかけたことを、ほかの人たちがまた別の場で考えたり、広めたりしていけるような活動にしたい。子どもたちにも、自分たちがはたらきかけたことが、生活のなかで生かされていくという満足感や達成感を味わわせて、発信していくことの楽しさに気づいてほしい」という思いがありました。

男子の考えを受けとめながらも「もっとほかにない？」とねばっていたところ、いつか保健室でのやりとりを聞いていたDさんが「言葉？」と発言してくれました。これは、Dさんの意見というより、私の思いを察しての発言だったように思います。私は、日ごろの子どもたちの言葉で感じていることや保護者のアンケートの結果などを話しました。言葉についてそれほど問題意識を感じていない保健委員の子どもたちでしたが、もしかしたら何気ない言葉で傷ついている人もいるかもしれないということで納得し、「心の健康〜ことばをとおしたコミュニケーションづくり」のテーマで学校保健委員会に向けて活動を開始しました。

3. 初めての発表へ向けて

◆教師がつくったアンケートを活用して

日ごろ使っている言葉を子どもたちがどのように感じているのか、まず、アンケートを実施し、それをまとめて問題提起することになりました。

子どもたちの自主性を大事にしたいという思いはありましたが、時間にゆとりがないため、アンケートは、養護教諭が保健主任やほかの教職員の協力で作成することとし、子どもたちは、その結果をもとにアイデアを出しながら発表準備を進めていくことになりました（次ページ図参照）。

役割分担は、子どもたちが話し合いで決め、発表原稿はＤさん、グラフはＧさん、掲示資料は男子三人と決めました。

◆子どもとのやりとりのなかで発表原稿ができる

保健主任が積極的に加わって、グラフの書き方や掲示の仕方を指導してくださいました。おかげで

ことばについて　みんなのかんがえを　おしえてください。

学年、なまえはかかなくてよいので、じゅうにかいてください。

1　あなたは、人《ひと》のことばできずついたことがありますか。

ア．ない　　　　イ．ある

イとこたえた人《ひと》だけにききます。

①　どんなことばをいわれましたか。

（　　　　　　　　　　）

②　そのときあなたはどうしましたか。

ア．（だれ　　　　）にそのことを相談《そうだん》した。

イ．だれにもいえず、なやんでいた。

ウ．気《き》にならなかった。

エ．そのほか

（　　　　　　　　　　）

2　あなたは、人《ひと》をきずつけることばをいったことがあるとおもいますか。

ア．　ない　　　　イ．　ある

イとこたえた人《ひと》だけにききます。
それはどんなことばですか。

（　　　　　　　　　　）

3　だれかがきずつくことばをいわれているとき、あなたはどうしますか。

ア．いった人に注意《ちゅうい》する。　　　　イ．いわれた人《ひと》をなぐさめる。

ウ．なにもしない　　　　エ．そのほか

ウとこたえた人《ひと》だけにききます。
それはどうしてですか。

①　じぶんにはかんけいないから。

②　そのほか（　　　　　　　　　　）

子ども用言葉のアンケート

私は、Dさんとともに発表原稿を考えることができました。アンケートの数字からいえること、感じたことを、わかりやすい文章になおす作業です。行き詰まったときは、「ねえねえ、傷ついた人がいる一方で、気にならない人がいるというのは、どういうことが考えられるんだろう?」と、ほかの委員の子に問いかけました。

「そのときは気になっても、忘れたんじゃない?」「自分でも気にしていることなら嫌だけど、自分であんまり気にしていないことなら平気」など、別の作業をしながらほかの子が答えてくれました。こうして委員それぞれの考えも、発表原稿のなかに取り入れました。

さらに、人によって受け取り方に違いがあることを理解し、相手の気持ちになって考えてほしいと、実際によくある場面を劇にして伝えることにしました。

そのシーンをみて、それぞれの登場人物の気持ちになって考えられることをグループで話し合うこととし、そのための時間を五分間設定することにしました。

このときのグループ分けについては、縦割り班にするか、学年ごとにするか、みんなで意見を出し合い、縦割りにすると高学年の意見が優先されるかもしれないということで、学年ごとに整列し、それを大きく崩さず、近くの人と話し合うということに落ち着きました。

日常よくある場面の劇の内容は、男子に任せていましたが、三パターンのうちの一つは、私が提案したものを取り入れてもらいました。それは、実際に私が目撃したシーンです。

フットベースボールをしているところに、三年の男子H君がやってきて、「ぼくも入れて」と頼むが、みんな知らんぷりをしている。

H君は、留学生としてやってきた子で、最初は、よく頭が痛いと言って保健室に来ていた子である。慣れてからも、外で遊ぶよりは、中で本を読んでいるほうが好きなH君が、自分から「入れて」と言えるようになったことに喜びを感じながら私は見ていたのだ。

しかし、何回言っても、気づかないふりをして遊んでいる姿に「入れてって言いよるよ」と私が言うと、四年生のピッチャーの子から「今、人数ちょうどいいからだめ」という返事がH君に返ってきた。H君は、がっくりとしながらあきらめようとしたので、そのときは「じゃ、先生も入れて。人数も合うし」と言うと、仕方なく入れてくれた。

しかし、運動がそれほど得意じゃない彼が失敗すると、「なんしよるんかあ」とみんなから冷たい声を浴びせられた。せっかく自分から声をかけてはいろうとしたのにこんなことであきらめてほしくない（入れてほしいときは「入れて」と言えるとよい）と思ったことがあった。

このようなシーンは、子どもたちの世界には、よくあることだと思います。こういう経験を繰り返して、コミュニケーションのとり方を覚えていくのでしょう。しかし、あのとき、だれか一人でも、H君の立場になって、やさしい声をかけてくれたら、H君は救われたのに……あのときのH君の気持ちになって考えてほしくて提案しました。

◆真剣に練習する女子、おちゃらける男子

保健委員の児童は、昼休みや放課後を使ってほぼ毎日のように保健室に集まって準備を続けました。真剣に原稿を読む練習をする女子に反して、男子は、劇の練習といいながら、キャッチボールをしたり、小道具でふざけたりしてばかりいます。しかっても、五分ともたず、おちゃらけます。くやしくて、泣きそうになるDさん。休み時間に拘束されるイライラから、練習をすっぽかしてしまう者まで出てくる始末でした。集中力や落ち着きのなさに、途方に暮れる保健主任と私でした。

そんななか、一週間前になって学校行事の関係や休日で四日間練習が中断しました。最後の締めくくり方もまだ決まっていない段階で、痛い四日間でしたが、子どもたちにとっては、自由な時間がもてる貴重な骨休みとなったようで、このあとの練習は比較的効率よくできました。

◆本番に強かった？　子どもたち

全校児童、教職員、保護者をあわせて約百名の前で、子どもたちは、今までの練習の成果を堂々と発表しました。資料の提示の仕方や板書もスムーズにできました。いちばん心配だった劇も、真剣に取り組み、五分間の話し合いまでたどりつきました。

◆成功した劇後の話し合い

張りつめた緊張の糸から解放されるように、会場は一斉に話し合いを始めました。「考えたことを発表してもらえるだろうか、だれも手をあげてくれなかったらどうしよう」そんな保健委員の不安をよそに、たくさんの手があがりました。

『『メガネザル』と言われて、気にしていないしんいち君も本当はいやだと思う」とか、「ゆうた君は、だれかに相談したほうがいい」とか、登場人物の気持ちになって真剣に考えてくれました。あの実際にあった場面は、劇では野球事件に名を変え、取り上げられました。「自分がされたら、今度は自分も同じように仲間に入れない」とか、「だれかが注意したらよかった」とか、高学年だけでなく、低学年からも意見が出されました。

保健委員にとっては、自分たちの問いかけに、みんなが真剣に答えてくれたことが何よりの喜びとなったようでした。

じつは、この陰には、一緒に話し合いに参加してくれた担任の先生や、前もってリハーサルから観客役となって保健委員の活動を見守っていてくれた六年生の女子の協力もありました。

六年生の女子は、友だちのDさんが真剣に練習していることから、ときどき顔をのぞかせていました。ちょうどよいので、「話し合ったつもりで、一つ意見を言ってよ」というようにして、練習に付き合ってもらっていたのです。彼女たちが積極的に手をあげてくれたおかげで、ほかの子どもたちも発言しやすかったことと思います。

この学校保健委員会の内容は、後日、保健だよりで、全家庭へ配布して知らせました（95～97ページ図参照）。

ほけんだより

1999. 12. 22
No. 8

特集　～学校保健委員会報告～

11月30日に第2回目の学校保健委員会が開かれました。今回は、「心の健康～ことばによるコミュニケーションづくり～」をテーマに、児童保健委員会がことばのアンケート結果をもとに発表を行いました。

全校で50人近くの人がきずつけることばをいったりいわれたりしたことがあるようです。

「チビ」、**「短足」**とか**「メガネザル」**とか、からだに関するからかいのことばや、**「バカ」**、**「アホ」**、**「役立たず」**、**「死ね」**など、その人の性格や人格まで否定するようなことばがたくさん交わされているようです。

きずつくことばをいわれたとき、**「相談する。」**と答えた人は12人、**「気にならなかった」**という人が11人いました。その一方で**「だれにも言えず、悩んでいた」**という人も11人います。

同じことばでも、気にならない人ときずつく人がいることを知ってもらうため、その場面を劇にして、全校のみなさんに考えてもらいました。子どもたちからは、次のような意見がでました。

〔メガネザル事件〕

いつもメガネザルっていわれていやだなあ
(気にしている)
よっメガネザル
おっすメガネザル
ふん、なんだよ
(気にしない)

ゆうたくん

そんなあだ名で呼ばれたくないと思う。。気にしない方がいい。だれかに相談したらいい。

たくろうくん

気にしない人もいるけど気にしている人もいるので、そんなこと言わない方がいい。

しんいちくん

何回も言われたら気にすると思う。気にしていないように見えても、本当はいやだと思う。

「だれかがきずつくことばをいわれているときあなたはどうしますか。」の問いでは、少人数ではありますが**「何もしない。」**と答えた人もいます。その中には、**「自分がされたらいやだから」**というのもあるようですが、**「関心がない」**というのがほとんどでした。そこで、このことを劇にして、自分にできることを 考えてもらいました。

〔野球事件〕

しんいちくんとたくろうくんたちが野球をして遊んでいました。そこへゆうたくんが 「ぼくも入れて。」とやってきました。

しんいちくんは、「今、人数ちょうどいいからだめ。」とことわりますが、たくろうくんが「ゆうた、あんまりうまくないけど、あたったらとぶよ。」 というので、しぶしぶ仲間に入れてやりました。

ところが、ゆうたが３振してしまい、負けてしまいます。

すると、しんいちくんは、ゆうたを入れてやろうとしたたくろうくんまでを「おまえがいうから」とせめます。

たくろうくんは、「おまえのせいでおれまで文句を言われた」 とゆうたをせめます。ゆうたは、とってもくやしいを思いをしています。

しんいちくん　　ゆうたくん　　たくろうくん

私だったら、自分がされたらいやだから入れてあげる。
しんいちくんは悪い。
しんいちくんを注意した方がいい。

ぼくだったら走って家に帰る。
今度から自分も入れてあげなくなると思う。
ぼくがゆうたくんだったら絶交する。

しんいちくんといっしょになって、ゆうたくんをせめたらいけない。
しんいちに注意すればよかった。

ことばづかいにあまり神経質になってもいけませんが、おもわぬことばで人がきずつくこともあるということを知っておいてほしい。もし、自分がいわれたらと考えてみてほしい。そんなメッセージが伝わったでしょうか。

今回の活動が日ごろのみなさんのことばを見直すきっかけになりますように。

１月の学校保健委員会では、親子のことばかけについて考えてみたいと思います。

裏に保護者のみなさんの感想を載せています。ありがとうございました。

ことばの暴力は目に見えないので、きずつけ合っている事が多いと思います。ふだんから、相手のことを考えて話ができるようにしたいものです。

子供たちから色々なたのもしい意見が出てとてもあたたかい気持ちになりました。

保健委員の児童たちもとてもすてきなストーリー で、よくわかりました。

人間関係、大人でもギスギスした世の中ですが子供のころから、こういう事を考えていく事がとても大切だと思います。

ことばってこわいですよね。かるい気持ちで言ったつもりが、とてもきずつけたりして。

何気ないことばに子供たちも傷つきいろいろ考えていることを改めて知らされました。

人のいいところを見てお互い仲良くできたら本当にいいことだと思います。

上手にまとめてあり、感動しました。子供たちも本気で取り組んでいくことと思います。

よい問題を取り上げたと思います。自分の子のことでも親だからこそ言えないということもあります。子供たちが本当によく考えていると思う。

注意をしてあげられる子になってほしいと思います。

保護者の感想より

4. 動き出した子どもたち

十一月三十日に二回目の学校保健委員会を終えたばかりなのに、一月二十七日には、三回目の学校保健委員会が控えていました。三学期にはいるとすでに発表まで二週間あまりしかなく、すぐに次のアンケートに取りかかりました（図参照）。

今回も、養護教諭が作成と集計を行ない、それをもとに子どもたちが発表の準備に取りかかりました。また、あの落ち着きのない子どもたちとともに、あわただしい日々が始まるのかと思うと、私も保健主任も気が重かったのです。

◆やる気も工夫も出てきた

しかし今回は、子どもたちの取り組み方にわずかながら変化がみられました。

原稿は、Dさんがほとんど一人で考えました。途中で行き詰まって「続きは、先生お願い」と託されてしまって最後は私の手が加わりましたが、三分の二は彼女の考案です。

また、今回は、友だちではなく、親子のやりとりで言葉について考えることにしましたが、劇のシナリオも、アンケートの結果をもとに彼女が進んでつくりました。自分の家での出来事を参考にしたということで、すぐにできあがりました。

ことばについてみんなの考えをおしえてください。

学年、なまえはかかなくてよいので、じゆうにかいてください。

1　あなたにおうちの人は、「おはよう」「おやすみ」などのあいさつをしてくれますか。

ア、いつもしてくれる。　　イ、あまりしてくれない。

2　あなたは、おうちに帰《かえ》ったとき、学校《がっこう》でのできごとなどをおうちの人《ひと》に話《はな》しますか。

ア、よく話《はな》す。　　イ、ときどき話《はな》す。

ウ、ほとんど話《はな》さない。

↓ ウとこたえた人《ひと》にだけききます。
話《はな》さないのはなぜですか。

（　　　　　　　　　　　　　　　　　）

3　おうちの人《ひと》にいわれて、うれしかったのは、どんなことばですか。あるだけかいてください。

（　　　　　　　　　　　　　　　　　）

4　おうちの人《ひと》にいわれることばで、いやなことば、きずついたことばは、どんなことばですか。あるだけかいてください。

（　　　　　　　　　　　　　　　　　）

ことばのアンケート（親子編）

委員長でありながら、いつもふざけて男子をおちゃらけムードにしてしまっていたI君も、今回はグラフをさっさと仕上げてしまいました。集合はいつもいちばんに来て、保健室のベッドで寝転がっていました。私や保健主任のほうが少しでも遅れると「みんな集まっているのに早く！」と、しかられたこともありました。

ふざけた口調は相変わらずですが、男子の動きのよさには、前回はみられなかった積極性が感じられ、私も保健主任も驚きました。自主性を尊重し、育てたいと思いながら、ついつい指示的になってしまっていたことを反省していましたが、子どもたちは、わずかながらでも確実に成長していることを感じました。

◆全校児童に家族へのメッセージを募集

そんななか、「どうしてもこれだけは入れてほしい」と、私からまた一つの意見を出しました。それは、全校児童に家族へのメッセージを募集するということです。

親子でありながら、「もっと〇〇してほしい」という要求や「本当はわかっているよ」という感謝の気持ちは、あまり口に出して言えないものであり、だからこそ、伝える必要があります。時に子どもの気持ちが読めなくなって、子育てに不安を感じている親へも、子どもたちの正直な気持ちを保健委員が代弁して伝えたいという思いがありました。

男子は、進んでポストづくりを、女子は進んでメッセージ募集のポスター（図参照）をつくりまし

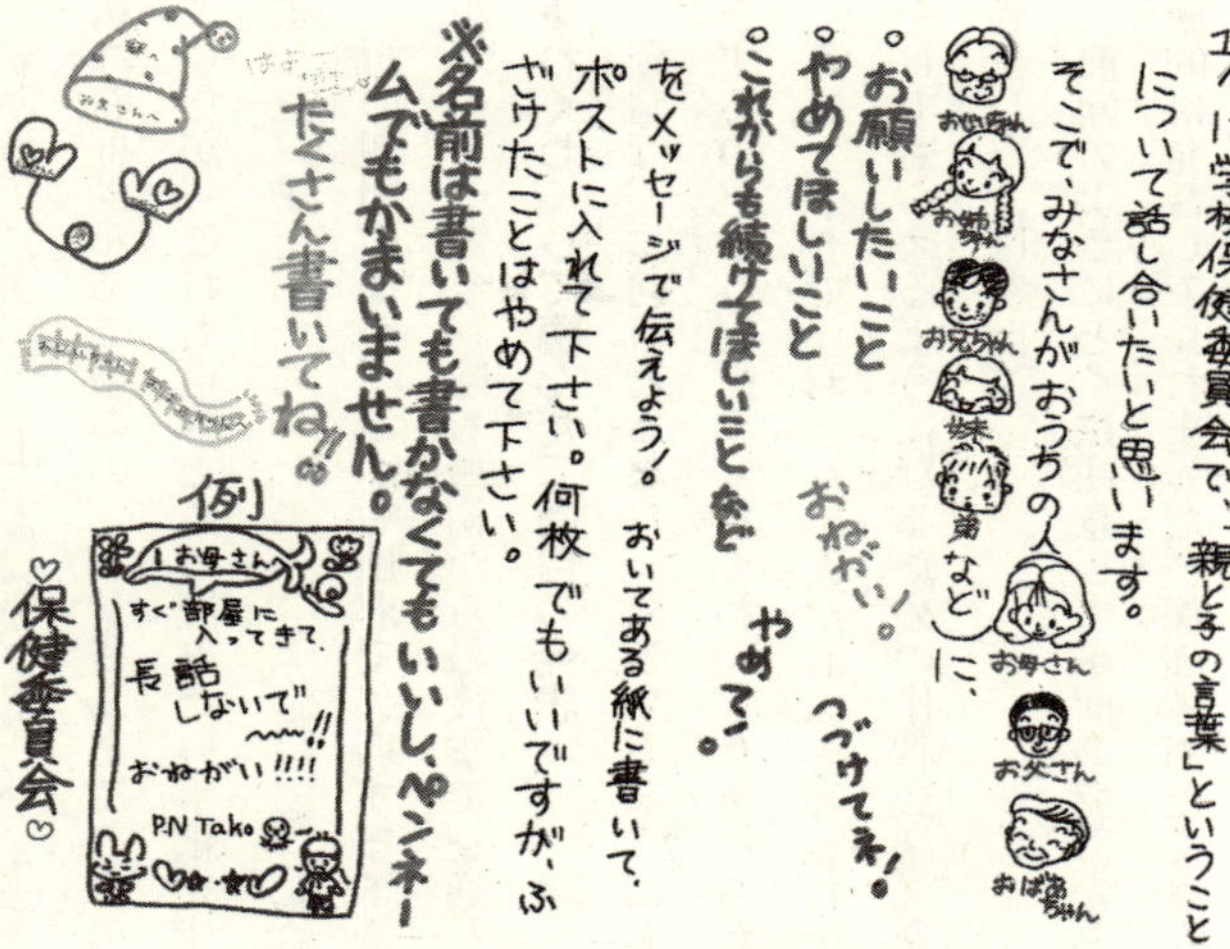

おしらせ
1/27に学校保健委員会で、「親と子の言葉」ということについて話し合いたいと思います。
そこで、みなさんがおうちの人
おじいちゃん
お姉ちゃん
お兄ちゃん
妹
弟
お母さん
お父さん
おばあちゃん
などに、
○お願いしたいこと
○やめてほしいこと
○これからも続けてほしいことなど
おねがい。
やめて！
つづけてね！
をメッセージで伝えよう！
おいてある紙に書いて、
ポストに入れて下さい。何枚でもいいですが、ふざけたことはやめて下さい。
※名前は書いても書かなくてもいいし、ペンネームでもかまいません。
たくさん書いてね!!
例
お母さん
すぐ部屋に入ってきて長話しないで～!!
おねがい!!!!
P.N Tako
保健委員会

家族へのメッセージ募集ポスター

た。

「ふざけた内容ばかりが入れられるかもしれない」という覚悟もしていましたが、集まったメッセージは意外とまじめに書かれており、それには、保健委員たちも驚いていました。ここでもまた、発信したことが返ってくるという体験を通して、子どもたちは意欲をかき立てられたように思います。

このメッセージをカセットテープに録音して流そうという保健主任と私に、六年生のＩ君とＤさんが二人で反対しました。

「ここは、詰まらずにゆっくり大きな声で読まないと思いが伝わらない。そのためには、録音しておくほうが安心」という私たちの意見に、子どもたちは「ここは、絶対生で読むほうがいい。そのほうが気持ちが伝わる」と決してゆずりません。

「よし、わかった。上手に読めるんなら生でいこう。下手なら録音だ！」ということにしました。私はお母さんあてのもの、お父さんあてのもの、きょうだいあてのものに分けて読ませようとしていましたが、これも自分たちで読みたい手紙を仕分け、ランダムに読んでいくことに子どもたちで決めました。子どもたちいわく、「そのほうが、気持ちが伝わる！」のだそうです。

短い期間のなか、しかも風邪で欠席する子や、国体スキーの合宿で何日も出席できない子もいるなかで、とうとう一回も最初から最後までを通して練習することはできずに本番を迎えました。

◆わくわくして臨んだ二回目の発表

今回は、二回目ともなり、発表するほうにも聞くほうにも、緊張というよりは、今度はどんなことをするのだろうという、わくわくした気持ちが感じられました。

アンケートで「おうちの人があいさつをしてくれない」と答えた子どもたちのために、「あいさつをしてもらえるようになるための作戦会議」を開き「ある家のひとこま」では、また会場の意見を聞きました（図参照）。

前回のようにとくに注意して事前の協力のお願いはしていませんでしたが、会場の子どもたちは積極的に発言してくれました。保護者もたくさん来られていたので、保護者にも意見を求めましたが、発言はもらえなかったのが残念でした。

発表は、子どもたちから寄せられた日ごろ言葉にできない家族へのメッセージ（図参照）が紹介さ

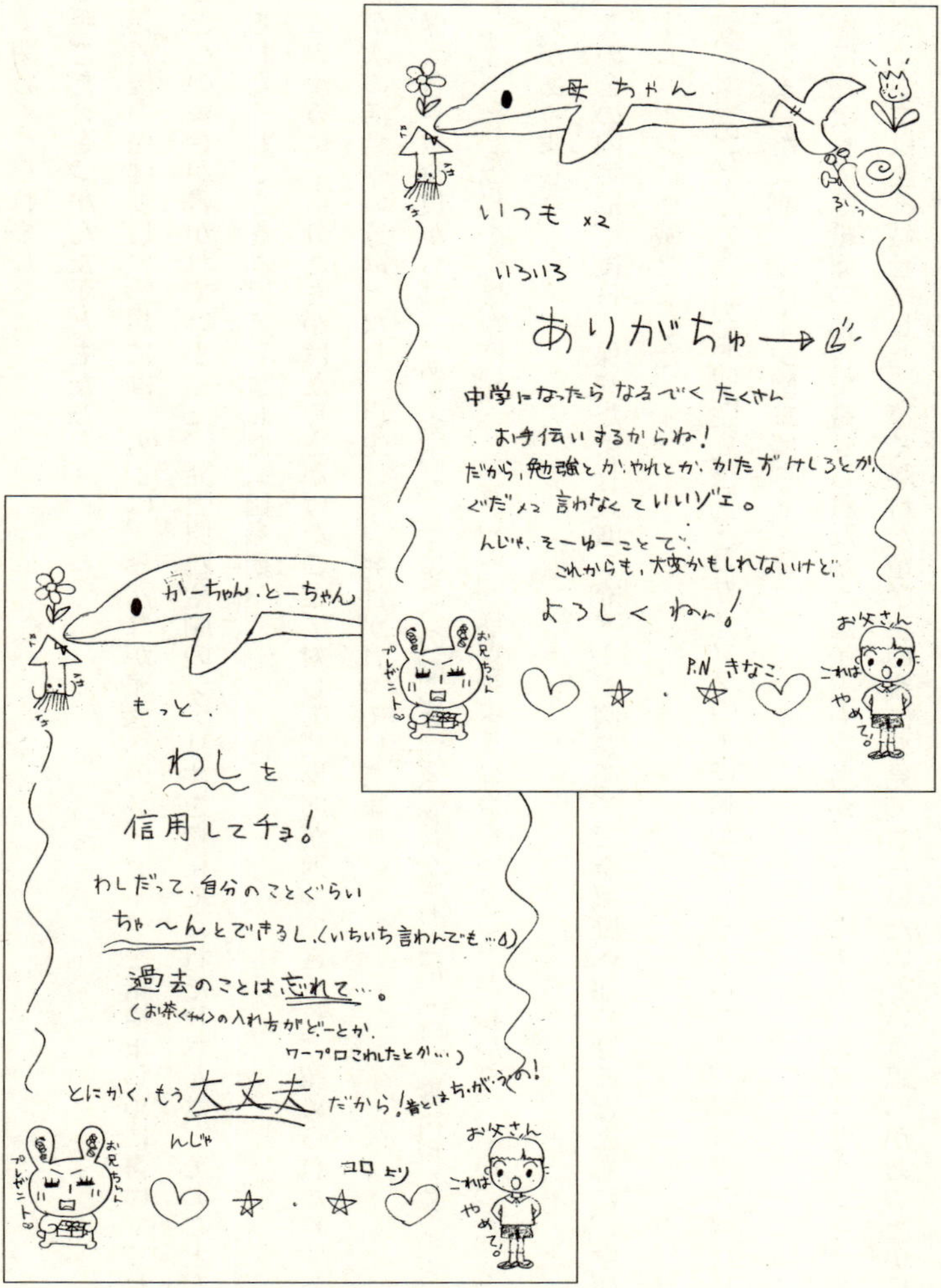
母ちゃん

いつも×2

いろいろ

ありがちゅー→♡

中学になったらなるべくたくさん
お手伝いするからね！
だから、勉強とか、やれとか、かたずけしろとか、
ぐだ×2言わなくていいゾエ。
んじゃ、そーゆーことで、
これからも、大変かもしれないけど、
よろしくねん！

♡☆・☆♡ P.N きなこ

お父さん これはやめて！
お兄ちゃん プレゼント

かーちゃん、とーちゃん

もっと、
わしを
信用してチョ！

わしだって、自分のことぐらい
ちゃ〜んとできるし。(いちいち言わんでも…)
過去のことは忘れて…。
(お茶の入れ方がどーとか、
ワープロこわれたとか…)
とにかく、もう大丈夫だから！昔とはちがうの！

んじゃ
♡☆・☆♡ コロより

お父さん これはやめて！
お兄ちゃん プレゼント

家族へのメッセージ

れて閉めくくられました。

◆手ごたえをつかんだ子どもたち

発表後の保健委員の感想には、男子は、みんなが家族へのメッセージを結構まじめに書いてくれたことへの驚きが書かれていました。発表原稿や劇のシナリオを考えてくれたDさんは、そのことが認められたうれしさをあげていました（図参照）。

このように、自分たちがはたらきかけたことに対して、反応が返ってきたり、認められたりする体験が次の活動への意欲となり、自主性や自発性が育っていきます。

保護者や教職員からは、「ある家のひとこま」の劇を会場の意見をもとにもう一度再現したことで、「ちょっとした言葉かけの違いで、お互いの関係性がよくなるということがわかり、よかった」との意見がありました。

この会の内容は、後日、保健だより（106〜108ページ図参照）で全家庭へ知らせるとともに、学校のホームページにも載せました。

「ある家のひとこま」の劇の内容は、マンガクラブの子に頼んで、ホームページではマンガにして紹介しました（109、110ページ図参照）。

保健だよりでは紙面の都合で載せられなかった子どもたちからおうちの人へのメッセージを、ホームページでは全部載せました。遠く離れた留学生の親にも見てもらいたいという思いがあったからで

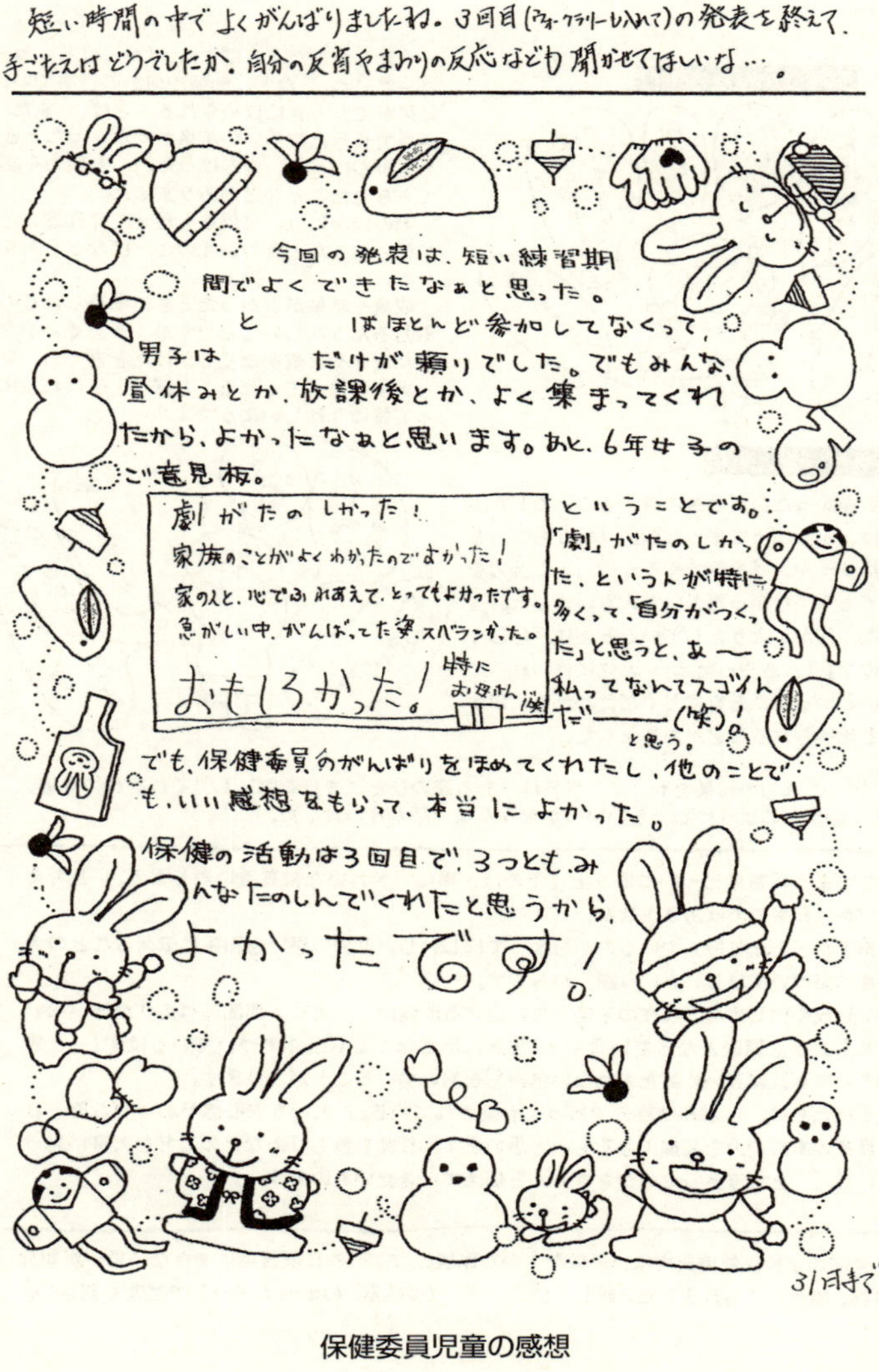

短い時間の中でよくがんばりましたね。3回目（フォークラリーも入れて）の発表を終えて、手ごたえはどうでしたか。自分の反省やまわりの反応なども聞かせてほしいな…。

今回の発表は、短い練習期間でよくできたなぁと思った。　と　はほとんど参加してなくって、男子は　だけが頼りでした。でもみんな、昼休みとか、放課後とか、よく集まってくれたから、よかったなぁと思います。あと、6年女子のご意見板。

劇がたのしかった！
家族のことがよくわかったのでよかった！
家の人と、心でふれあえて、とってもよかったです。
急がしい中、がんばってた姿、スバラシかった。
おもしろかった！特にお母さん役

ということです。「劇」がたのしかった、というのが特に多くって、「自分がつくった」と思うと、あ〜私ってなんてスゴイんだ——（笑）！と思う。

でも、保健委員のがんばりをほめてくれたし、他のことでも、いい感想をもらって、本当によかった。

保健の活動は3回目で、3つともみんなたのしんでくれたと思うから、よかったです！

3/1月まで

保健委員児童の感想

うれしかったことば

あなたが生まれてきて本当によかった。
おかえり。
よくやったね。
ええ子じゃのう。
何でも相談しなさい。
ありがとう。

うれしかったことばには、「がんばったね。」「すごいね。」など、勉強や何かの行事でいい結果がでたときにほめられることば、 また、試合で負けた時やいい結果がでなかったときでも「がんばった、がんばった。」 と努力を認めてもらえたことなどがありました。

そのほかには、自信をもたせてくれることば、手伝いをしたときのお礼のことばなどもありました。

成績や結果がよかったときにほめられるのは、もちろんうれしいことですが、うまくいかなかったときや自信をなくしかけたときでも、自分を大切に思ってくれることばは、子供たちにとって特にうれしいようです。

いやだったことば

1番多かったのが勉強に関することでした。中には、がんばってやったのに「もうちょっとがんばりーや。」「本気でやりーや。」 と努力を認めてもらえなかったという人もいました。

また、何かしようとしているときに「○○やったの？」「△△やった？」 と先に言われることや、わかったことをぐだぐだ言われる、ほかの子と比べられるなどがありました。

早く勉強しなさい!!
おにいちゃんなのに!!
どっかいけ!!
早くしなさい!!
あなたのそういうところがダメなのよ。

これらの結果をもとに、当日は「ある家のひとこま」を劇にし、それぞれの登場人物がどのようにしたらいいのかをみんなで話し合いました。

このように言葉について取り上げたのは、単に「きれいな言葉遣いをしよう。」と考え呼びかけたものではありません。

相手がどんな気持ちでいるのかを知ってほしいし、自分の思いを相手に伝えることの大切さに気づいてほしいという願いからです。

不登校やいじめなど現在の子供たちの抱える問題は、うまく人間関係づくりが結べないことも大きな原因となっています。「言葉に出さなくても当然気づいているはず」 と思っていても、お互いに満たされない気持ちを抱いていることがあります。

子供たちは、「 どんな自分であっても愛されている。」という安心感があってこそ、自分自身の本来の力を発揮できるものと思います。教師も親も「あなたのことを大事に思っている。」 というメッセージをきちんと伝えていきたいものです…。

今回の学校保健委員会は、子供たちから家族の方々への日頃言葉にできない思いが紹介され、締めくくられました。詳しくは、　　　（保健室）のホームページでご覧ください。

特集　～学校保健委員会報告～

保健室のホームページができました。

内容は、第３回目の学校保健委員会の様子をのせています。

ご覧いただけない方のために紙面でも重ねてご報告します。

２０００．３．３

あいさつ

あなたにおうちの人は、「おはよう」「おやすみ」などのあいさつをしてくれますか。

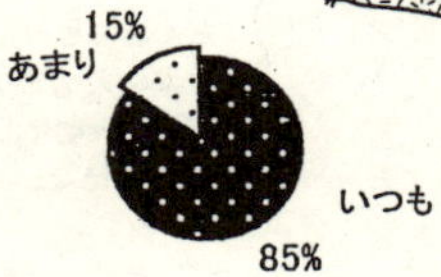

ア、いつもしてくれる。　５６人

イ、あまりしてくれない。１０人

ほとんどの人が「いつもしてくれる。」と答えていますが、なかには、「あまりしてくれない。」と答えた人もいます。その人たちのために、どうしたらあいさつをしてもらえるようになるか作戦会議を開きました。

作戦会議では、子供たちから次のような意見が出ました。

- 自分からする。
- なぜしてくれないのか親に聞いてみる。
- ふりむいてくれたときにする。
- あいさつしてもらえるような態度を日頃からとる。

会話の様子

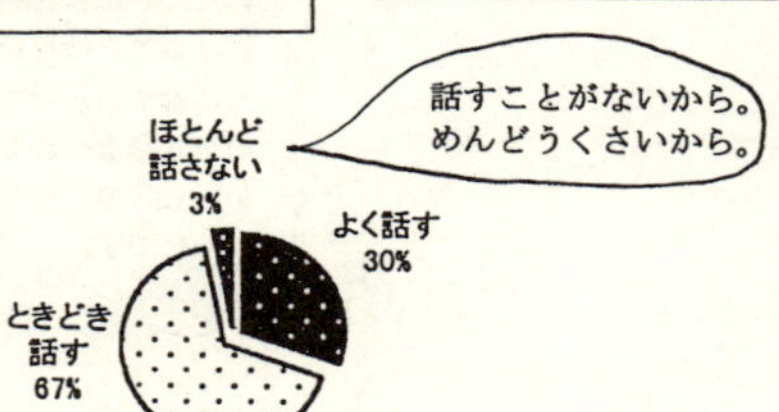

あなたは、おうちに帰ったとき、学校でのできごとなどをおうちの人に話しますか。

保健委員のみなさん　ごくろうさまでした。
楽しい会だったと思います。
親がいつも言っている言葉やなーんだこれくらいの言葉でと思っていることも、子供たちにとっては傷ついているんだなあと思いました。
今日から少しずつ少しずつ心にゆとりを持って言葉を選んでいきたいと思いました。

毎日の何気ないことばのやりとりの中で子供たちは、実に様々なことを感じているのがわかりました。親子に限らず、人と接するときのほんのちょっとのことばのニュアンスで関係がよくも悪くもなることを改めて考えさせられました。どんなに思っていても相手に伝わらなければ、その思いは行き場を失ってしまいます。これからもひと言ひと言を折りにふれて大切にしていこうと思った会でした。

子供の気持ちは、わかっているつもりでも、ついつい言ってしまう言葉がたくさんあります。お互いに言われてうれしいことばを使うようにしたいと思います。余裕をもって毎日を過ごしたいと思います。

心のケアの問題は、とても大切だと思います。傷つけられたことばは、いつまでも心に針のようにつきささって、抜けることはないでしょう。しかし、その経験がなければ人に対する思いやりの心も芽生えないのかもしれません。いやされる経験もまた必要です。家族とのふれあい（いさかいも含め）から学ぶのかもしれません。寸劇とってもよかったです。

保護者の感想より

そろそろ宿題するか!!
ゆうや
ゆうや、宿題したの?
まさ子
今からやるんじゃ
さっさとやりー
分かっとるわボケ
3分後
うーん分からん
そんなのも分からんの?
ホンとバカじゃないん
バーカ
カスアホボケ
兄
トモミ
ブチッ
連発
バシッ
うるせえー
いだっ
お兄ちゃんのくせに手を出さんの-!
わーん
まーまー まさこさん。そうおこらんでも
ヨロヨロ
だまれババァ
つーーん
もーこんな子は家の子じゃないよ
ちーん
じーさん
ポクポク
だれか気づいてあげて

ある家のひとこま①

ラーん
分からん
3分後
そうね。今やっとったらあとが楽だもねん
美代
うん
宿だいやろー
まて、今おあらすけー。トモミ
にこり
あそんでー
ヒマん
教えちゃろー
分からん所あったら言ってよ♡

ある家のひとこま②

す。

このように言葉について取り上げたのは、単に「きれいな言葉遣いをしよう」と呼びかけたものではありません。相手がどんな気持ちでいるのかを知ってほしいし、自分の思いを相手に伝えることの大切さに気づいてほしいという願いからです。そして、そのことが心の健康、日々の生活の充実につながる重要な意味をもつと考えたのです。

今回の二回の発表を通して、だれよりも表現力や伝えることの楽しさを身につけたのは、保健委員の児童自身たちではないでしょうか。

5. 委員会活動で大事にしていきたいこと

委員会活動は、自分たちの健康や生活の改善、充実、向上をめざしてはたらきかけていく自治的な活動であり、子どもたちの主体的な活動が望まれます。

養護教諭にとっても、ある一定の期間、継続して直接子どもを指導できる大切な機会となりますが、それゆえに養護教諭の姿勢が反映されやすく、ともすれば養護教諭の下請け的な活動にもなりかねません。

私自身、こうしたい、ああしたいという思いが強すぎて、ついつい指示的になり、子どもたちの主体性を待てないことがしばしばありますが、今回のこの活動を通して、委員会活動において大切にすべきことに気づかされたことをまとめてみると、次のようになります。

◆「させたい」のなかにも子どもにお任せの部分をつくる

今回、男子がテーマを「歯」や「目」、「骨」などからだのことにしようとしていたのに対し、私自身がもっとほかにないかとこだわったのは、健康問題の解決に取り組むことが単に健康のためだけでなく、普段の学校生活や家庭生活をより豊かにするという視点を大事にしたかったからです。そのためには、実態に合った、より身近な問題にこだわりたかったのです。

保健室でとらえた子どもたちのつぶやきや保護者のアンケートをもとに、私自身の気づきや思いも伝えながら話し合ってこのテーマを設定したつもりでしたが、子どもたちのなかからこれがしたいと湧き上がってきた内容ではないので、子どもたちが意欲的に活動を開始するまでには時間がかかってしまいました。子どもたちの主体性を大事にしたいと願いながら、これを「させたい」という私の思いが強く、しばしば「待つ」ことに息苦しさを覚えました。

養護教諭の「〇〇させたい」という願いをもちながら、いかに「自主性」を育んでいくかはむずかしいところですが、私は、ある程度の流れができたら、そのなかのある部分は子どもにすっかり任せてしまう、というところを設定するようにしています。

今回の活動では、劇の部分です。アンケートをもとに、日常よくある場面を取り入れるということを確認し合ったら、あとの台詞や小道具、立ち回りなどはすっかり子どもに任せました。自分たちで好きなように組み立てられるとわかったら、子どもたちは動き出します。また、なかには人前でなかなか自分の意見を言えない子どももいますが、そういう子には、最後に詩を読むときのバックミュージックを任せてみました。本人にこれをというものがなければ、いくつか案をもってきてほかの委員の意見も聞いて決定するように責任をもたせれば、委員の一員としての自覚も育ちます。

子どもの主体性に任せるとはいえ、すべてを自由にさせていたのでは、効果的な運営にはなりません。本校のように主体性がまだ未熟な場合は、ある程度教師のリードが必要で、そのなかで、この部分だけはということで、趣旨をよく理解させたうえで、子どもの力を信じて任せてしまうことも大事です。

「自分たちで考え、行動している」という実感が子どもたちになければ、意欲はわいてこないのです。

◆役割分担は子どもに任せる

活動を進めていくうえでの役割分担は、多くの場合、子どもたちに任せます。教師より子どもたちのほうが、だれがどんなことが得意で向いているかということをよく知っているからです。もちろん、本人の「やりたい」という気持ちがあれば、それを優先に考えます。ただ、ある一人の子に押しつけるようになった場合やなんらかの援助が必要になった場合には、子どもたちとの話し合いの場をもったり、協力者をつけたりするなどの配慮がいります。

今回の活動では、文章を書くのが得意なDさんが発表原稿を担当し、目立ちたがり屋の男子に劇を、そして人前で話すのがあまり得意でないGさんには発表時にはタイミングよく資料提示をするという役割ができていきました。それぞれの得意とする分野でそれぞれがきっちり役割を果たすことが、協力をスムーズにします。

◆発表し、評価され、確認する

本校では、学校保健委員会で発表することが児童保健委員会の活動を知ってもらうことにつながり、そこでの全校児童や保護者の反応が大切な評価の場となっています。

今回の活動では、「こんな場面を見てどう思う?」という問いに会場のみんなが真剣に考え、意見を言ってくれたことは、保健委員会の子どもたちが手ごたえを感じた瞬間であり、大きな励みとなりました。

また、アンケートやメッセージ募集をしたときも、毎日ポストを確認に行き、自分たちの発信したことに反応が返ってくるという経験を通して、子どもたちは意欲をかきたてられました。

発表を終えたあとの最初の委員会活動の時間には、発表のビデオを見たり、参加者の感想を子どもたちに読ませたりして、自分たちの活動がどんなふうに受けとめられたかを確認するようにしています。声に出して、子どもたちに一人一枚順番に読ませたり、私が読んでやったりします。うれしいことが書いてあると、休み時間をけずってがんばった気持ちが報われるような思いで、次は何がしたいか、自主的な意見が出始めます。

改まった発表の場がなくても、全校放送や掲示物などでも、保健委員会の活動を知ってもらう機会はたくさんあります。大切なのは、やりっぱなしにせず、そのことでどんな声が聞かれたか、どんな様子がみられたかなどを、お互いに反応を確認し合うことです。自分たちの活動がどう評価されているかを知ることができたら、次の活動への意欲や構想に結びつきやすいのではないでしょうか。

◆養護教諭がリーダーになってはいけない

私自身の反省もこめて思うのですが、養護教諭の私がリーダーになってはいけないのです。本校の場合、保健委員はたった五名ということもあって、委員長、副委員長を通して全員に伝えるということをしなくても、一人ずつが私と連絡を取り合えば、事はすんでしまうところがあります。気がつけば、養護教諭が委員長になっていたということにもなりかねません。事実、私は、委員長の存在を軽視していたと反省しています。何かみんなで相談が必要になったとき、すぐに五人に平等に投げかけたことが多かったのですが、まず、委員長と相談して、委員長を中心にみんなの意見をまとめるという手立てをていねいに行なっていれば、もっと早くI君も委員長としての自覚がそなわったかもしれません。

どんなに少人数であっても、組織を意識し、リーダーを育てないと、自治活動は広がっていきません。たとえば、アンケートの配布も、養護教諭が職員会で提案し、後日担任を通じて配布するのではなく、委員長が児童会にかけて全校への協力をお願いし、その後、委員が手分けをして、各学年の先生方に趣旨を説明しながら協力をお願いして配布するという手順をとります。こうして多くの人とかかわり、つながりをもつことが自治の力を育てます。養護教諭は、職員会で活動の趣旨や内容を説明し、児童の活動がスムーズにいくように援助を行ない、自分が活動の中心にならないようにしなければいけません。

◆健康観を耕す

今回、子どもたちのなかから、学校の実態に合った取り組みはもちろん、やりたいことすらなかなか意見が出ませんでした。これには、子どもたちのなかの健康観が未熟なせいもあったのではないでしょうか。自分たちのからだを知り、生活を振り返るなかで何が問題か、どんなことを伝えたいかは、健康についての情報や実感がなければ思いつかないでしょう。だからこそ、日常のなかで、救急処置時や保健だより、保健指導、保健学習などを通じて、健康観を育んでいくことをおろそかにはできません。

この取り組みの次の年から体重測定時にミニ保健指導を一五分程度行ない、からだのしくみのすばらしさや、そのときどきの健康問題などを取り上げて指導するようにしました。そのことで、少なからず、からだや健康面への関心は高まってきているように思います。このことが、活動内容を考えるうえでも基本となります。

保健学習も保健指導も、教材研究や準備は手間がかかりますが、指導したあとは、質問にきたり、その話題に関する情報を教えてくれたりと、子どもとの距離がいっそう近づいたことを実感させられます。

◆委員会活動の意味

委員会活動は、単発的ではなく、一年間というある一定の期間で取り組むことも可能なため、一つのテーマをじっくり考えたり、探ったりすることができます。また、そのなかの新たな発見をさらにほかへ広げ、保健委員を健康のリーダーとして育てることができます。

また、異学年の子が切磋琢磨するなかで新たなつながりが生まれたり、発表を通して自分に自信をつけたりすることもできます。

さらに、子どもたちの自治的活動なので、子どもたちの意見が反映されやすく、結果として、その活動を見守る子どもたちにとっても受け入れやすいのです。

6.　委員会活動が子どもの心に響いて

◆いたずらとしてあらわれたBさんのつらさ

児童保健委員会で、言葉について取り上げ始めたころ、それと平行してある出来事が起こるようになりました。まず始めは、保健室のベッドの下の落書き。赤い油性のマジックで書かれていたのは、「一年生のバカ」という文字でした。ふぞろいに書かれた文字から、ふざけていたずらをしたものと思われました。しかし、そのいたずらは、徐々にエスカレートしていきました。以前の落書きに「しねあほ」の文字が加わったり、保健室にあるはさみがいつもとは違う不自然な場所に隠されていたりしました。いつも保健室で起こるということで、何か私へのメッセージのような気がしてなりませんでしたが、どの子がなぜそうするのかは見当がつかずにいました。

さらに今度は、トイレにクレンザーがばらまかれたり、新品のトイレットペーパーが便器につっこんであったりということが頻繁にみられるようになり、保健室ではベッドにイソジンがばらまかれていたこともありました。

その激しい状況から、これは、単なる思いつきのいたずらではなく、よほど大きなストレスを抱えているものと思われました。

最初のいたずらから三週間ぐらいたって、私は、三年生のBさんの仕業であることを確信しました。いつも最初に「先生、またこんなことがしてあるよ」と知らせてくるBさん。

「みつけてくれてありがとう。この人は、どんな気持ちでこれを書いたんだろうね。先生ね、怒るつもりはないけど、この人がとてもつらいことや悲しいことがあるんじゃないかと思ってね。きっと、このこともわるいことしたなあと思いながら気にしてるかもしれない。何か困ったことがあるんなら助けてあげたいなと思ってるんだけどなあ」と話したことがありました。

そのとき、彼女は、「よくわかんないけどねえ」と答えていました。友だちに勉強のこととか、ばかにされたりして、いやなことがあったんだと思う。きっと、よほどつらかったんだね。力になってあげたいなあ」と話をしたことがありました。「そうかもね。

以前話したことと同じことを再び投げかけて、「Bちゃんも何かあったら相談に来てね」と伝え、様子をみましたが、彼女は何も訴えてこないまま二学期の終業式を迎えました。

あれからいたずらもなく、落ち着いたようにみえていましたが、二月になって再び、便器にトイレットペーパーがつっこんであったり、洗濯機にBさんの同級生のJさんの歯ブラシが投げこまれたりしていました。

そして、ついに担任が何気なく通りがかったときに、Bさんがクレンザーをトイレの壁にまき散らしている瞬間を目撃しました。Bさんは、「自分のなかにだれかが住んでいて、命令してくる。その人は、昔だれかにいじめられたことがあって、そのことがくやしくて私に仕返しを命令してくる。私はそれがとっても嫌なんだけど、断ると何をされるかわからないから仕方なく言われたとおりにした」と、一気にしゃべったといいます。それから、担任は、泣きじゃくるその子の手を握って、「その人もつらかったんだね。今度その人が出てきたら、先生がその人とお話したいといってくれ」と言いながら彼女の気持ちを精いっぱい受けとめました。そして、「保健の先生も心配してくれると思うから、何かあったら行きなさい」と伝えたと聞きました。そのあとは、落ち着きを取り戻し、いつもと変わらない様子をみせました。担任からそのことを聞いていたので、彼女が「友だちに腕をひっぱられました」といって泣いてきたときに、友だち関係のことをそれとなく聞き出しました。

彼女は、自分が一人でいたくて隠れているときも、同級生のJさんがしつこく追いかけてきたり、「小さいから心配」と言いながら、してほしくないことまで世話をやいてきたりすることや、お天気屋のJさんとどう付き合っていいかわからず悩んでいるようでした。

また、別のKさんが男子にいじめられているときは、自分がわざとちょっかいを出して、男子の気が自分に回るようにして、彼女をかばっていることも話してくれました。Bさんのつらさを受けとめながら、でも、「嫌なことは嫌とちゃんと言葉で伝えたほうがいいよ。じゃないと、気がつかないことも多いしね。それから、つらいときは一人で悩まないでいつでもおいでね。話しただけでも少し楽になることもあるよ」と伝えました。

彼女は、家でも三人きょうだいの長女として、弟や妹の面倒をよくみるやさしいお姉ちゃんです。マイペースでのんびりしており、授業中は自分の世界に浸っているようなところがあり、勉強は他の子に比べやや遅れぎみです。そのことが彼女にとってコンプレックスでもあったように思えます。

母親に様子を聞くと、家では面倒をみられることより、みることのほうが多い彼女は、今まであまりお母さんに宿題をついてみてもらうというようなことはなかったということです。お母さんも、最近これではいけないと思い、春休みは、そばについていてやることにしたという話をされました。

このあとは、弟が入学したせいもあってか、学校でもお姉ちゃんぶりを発揮し、以前のようないたずらはみられなくなりました。

また、学力差が大きい子どもたちのために、算数の時間、校長がＴＴに加わるなどの協力もあって、勉強面でもコンプレックスを克服したことが彼女の自信となっていきました。

Ｂさんの場合は、うちに秘めていたものが、いたずらというかたちで表現されました。けがで保健室を訪れることはあっても、体調不良などで休養したことはほとんどありませんでした。以前、同級生たちと警ドロ遊びをしているとき、だれもあててくれないと、体育館から出て雨のなかで一人たたずみ泣いていたこともありました。上級生の女子が気づいて保健室に連れてきてくれましたが、このときも、なかなか理由を打ち明けてくれず、泣いているばかりでした。つらさや悲しさを全部一人で抱えこみ、だれにも打ち明けようとしなかったのです。それが、児童保健委員会が、全校児童にアンケートをとり、みんなのために動き出した活動をだれよりも早く感じとり、自分の気持ちをあのようなかたちで表現してきたのではないでしょうか。保健室にさえ来れなかった子の精いっぱいの自己表現だと思われます。

自分の気持ちをうまく表現できずに、「ばか」とか「死ね」などと相手が傷つくような言葉で表現する子どもが大変気になっていたのですが、今回の委員会活動に取り組むなかで、そうした言葉も出せずにいる子どものつらさに気づかされました。

◆学級での取り組みや学習面の保障とあわせて

保健委員の提案で、あいさつがよくなったり、お互いの気持ちを考えて言葉遣いに気をつけたりして、一時的に乱暴な言葉や態度が減ったようにみえましたが、それは一つのきっかけであり、それを継続するには、日常の学級や保健室でのかかわりが重要です。

乱暴な態度でしかあらわせない子が徐々に落ち着いてきた背景には、行動の裏にある本当の気持ちを周囲の子どもたちが理解できるように担任がかみくだいてクラスの者に伝え、クラスの子の気持ちをまたかみくだいてその子に伝えていくなかで、お互いが理解し認め合えてきたように思います。また、人に言われた言葉やちょっとした態度に必要以上に過敏に反応する保健室登校の子などには、互いの本当の気持ちを養護教諭が代弁したりして人間関係をつないでいきながら、少しずつコミュニケーションの和を広げていきました。

さらに、問題行動を起こす背景には学習面でのつまずきが大きな影響を与えているため、内面的な成長だけを期待せず、学習面で自信をつけることがその子の精神面の安定にもつながることを実感しました。すぐに口や手が出る暴力的なA君も、自分のつらさを表現することさえむずかしかったBさんも、学習面で充実感を得ることで、内面的にもずいぶん成長したと思います。

委員会活動で取り組んだことがすぐに結果としてあらわれなくても、ふとした日常のなかで生活を振り返るきっかけとなれば、そのことをそれぞれがそれぞれの立場で広げてもらえるのではないでしょうか。

◆学校づくりの一員としての養護教諭でありたい

健康はすべての活動の基礎となります。だれもがわかっていることですが、それは教科や生徒指導問題の陰で、しばしば別のものとして考えられてしまうことがあります。今回の取り組みの参加者からも「保健なのになぜ言葉なのか不思議です」という疑問の声がありました。

言葉によるコミュニケーションづくりから「心の健康」をめざしたものですが、人間関係が豊かになれば、学級や家庭でのトラブルが減少し、個々のストレスも消えていきます。そして、そのことはやがて学習能率の向上にも好影響を与えていくものと考えて取り組んだものです。

私たち養護教諭は、学校における健康面の専門家として、その役割を期待されています。しかし、「子どもを育てる」という意味においては、ほかの教職員となんら変わりない共通の課題をもっています。「自主性」や「気持ちを伝え合う力」「豊かな表現力」など、学習面や行動面とつながる発達課題に養護教諭は健康面からの切り口で取り組むことの違いだけです。

現在、生活リズムの崩れから朝の登校がむずかしく、学習面でもかなりの遅れが出て不登校傾向となっている子がいます。担任は、学力保障やクラス内の人間関係などの点からこの子をサポートしていますが、私は、睡眠の大切さやパソコンとの付き合い方、基本的生活習慣の大事さなど、健康面から生活改善を援助したいと考えています。そして、このことは、だれにでも起こりうることで、多くの人に知っておいてもらいたいと思っています。そのためには、保健委員の児童の意見も聞きながら、また、みんなで考えていく機会をもちたいと思います。

私たち養護教諭の先輩たちが、学校看護婦の時代から、子どもたちの実態をみつめ、その仕事内容を構築してきたように、どんな学校に行っても、そこに子どもがいるかぎり、実態があり、課題があります。健康そのものの子どもたちにも、健康だからこそ気づかないこと、健康だからこそ継続させたい力もあります。子どもたちのからだが今何を示し、何を求めているのか、そのサインをきちんと受けとめられる自分でありたいと思います。

第3章

一人ひとりの育ちに教えられて

——小中それぞれの活動の醍醐味【小・中学校】

1. 育てるつもりが育てられていたAちゃんとの一二年間

◆「教える」から「育てる」へ

養護教諭一二年目。私にとって「委員会活動」は「しなければいけない」職務の一つでした。しかし、内地留学制度で研修を受ける機会が与えられ、そこで「子どもを育てる」という言葉に出会います。それまで、子どもたちに「教える」ことは意識してきたものの、「育てる」なんて意識したことも、考えたこともありませんでした。

養護教諭として「健康のありがたさを子どもに伝えたい」という思いはつねにありました。しかし、その伝え方は、目先を変え、驚きを与える（恐怖感も含む）、インパクトのある教材開発が第一と考えていました。しかし、そのような保健指導は自分自身を追い込み、指導する楽しさはなく、保健行事が終われば「やっと終わった」といった安堵感と、次年度への不安感だけが残りました。

考えてみれば、保健指導を「子どものため」というより、自分の仕事をこなすため、あるいは目前の行事をこなす義務感のためにやってきたような気もします。

「子どもに願いをもつこと」「どのような子どもに育てたいか」、このことは、委員会活動という場だけでなく、保健活動全体において、また養護教諭として、自分自身の考え方や子どもたちの見方を変える鍵となりました。

しかし、「子どもを育てる」といっても、何が子どもを育てることなのか、どうやったら子どもが育つのか、全くわかりませんでした。ただ、その時点で理解できたのは、従来行なってきた単発的な保健指導では子どもは育たないこと、また、子どもを育てるには「時間と場所がいる」ということだけでした。教室をもたない養護教諭にとって、時間と場所の確保はむずかしかったのですが、唯一継続的に子どもたちにかかわれるのが「委員会活動」でした。

それまでにも委員会活動で子どもたちに発表させたり、委員会だよりを書かせたりしてきたものの、何をどうすれば「育つ」のか、どのようになったら「育った」といえるのか、自分のなかでその言葉を消化するまでには、とても時間がかかりました。

◆あせりと不安の「委員会活動」

「委員会活動で子どもを育てたい」そんな思いでいっぱいのとき、中学校勤務から小学校へ転勤（全校児童数約八〇人）となり、五年生のAちゃんと出会います。このAちゃんとの出会いが、私を「育つ」「育てる」の魅力に導き、「子どもを育てることは、養護教諭自身が育てられているのでは？」という新たな発見をさせてくれる、画期的なきっかけとなりました。

転任して初めての委員会活動の日、従来の「奉仕活動（管理型）」を重視した委員会でなく、「楽しい（指導型）」の委員会にしよう。そう決めて、保健委員三人（六年生二人、五年生一人）と出会いました。

緊張と不安の入り混じった空気のなかで、委員会活動の意義をていねいに話していきました。そして、活動内容としては「決められたこと（今までやってきたこと）だけでなくてもいい」こと、「楽しい活動を一緒に考えていきたい」ことなどを話しました。

それまでにつくられてきた委員会活動を変えるため、まずは、自分自身の委員会活動へのイメージを払拭したかったのです。

しかし、子どもたちにとって「決められたこと（模倣）」はできても、「今までと違うこと（創造）」なんて想像もつかないし、ましてや「楽しいこと」といわれても、何が「楽しい」のか、求めている課題が大きすぎ、私の言うことが理解できなかったようです。子どもたちは、なんとなく発言しかけたことも言いとどまり、ムードは沈滞していきました。初対面ということもあり、私は子どもたちの気持ちに気づくことができなかったのです。

同じく研修を受けた仲間から、歯の博士をめざし、「歯の実験」で委員会の活動意欲が盛り上がっていることを耳にしました。なんとか自分の学校でも三人の意欲を引き出したく、待てない私は、突然「歯の実験」を準備してみました。

実験は、「砂糖水とレモン水、どちらの溶液で歯が溶けるか？」というものでした。実験なら「楽しい」し、きっと子どもたちも喜ぶだろうと思ったからです。

最初は興味津々、初めての実験にわくわくどきどき。保健室には保健委員だけでなく、自然と子どもたちがはいってくるようになりました。私は「これこそ活動への意欲だ」とうれしくなりました。ところが、なかなか結果の出ない実験に、いつしか保健委員の子どもたちの足は遠のきます。

その後、子どもたちは、自分たちが今までやりたいと思っていた保健劇を要求してきました。それは、間近に迫った六月の集会発表（事前に行事として組まれていた）に向けての話し合いをしているときでした。三人はそれから、六月のむし歯予防デーに向けて、劇やクイズにとがんばりました（歯の実験もクイズにしました）。「保健委員になったら集会発表をする」が定番になっていたようです。

学校でもおとなしい三人が中心になっての集会は、ほかの先生方からの評価も高く、ついには教育委員会の学校訪問の日に合わせた、大々的な発表の場になっていました。教師主導のもと、見栄えのよい立派な集会ができました。本人たちの満足感は、それなりに大きかったと思います。しかし、集会が終わると、活動はぴたりと止まったように見えました（待てない私のあせりだったのかもしれません）。

◆「手洗い場をきれいにしたい」

そんな悶々としていたとき、Aちゃんがめずらしく保健室に来て、「私は去年から手洗い場の汚れが気になっていたの。手洗い場をきれいにしようと思って保健委員になったの」と言ってきました。私は従来の委員会活動を変えたいという一心から「奉仕的な活動」を否定し、「楽しい」ということばかりに目が向き、大事な「実態からの出発（問題意識）」という部分をおきざりにしていたことをAちゃんに気づかせてもらったのです。そのため、活動内容や見える子どもの動きのみにこだわり、「子どもたちを育てる」といいながら、じつは今までどおり、教師のやりたいことを押しつけていたのではないか考えさせられました。

「奉仕的な活動から楽しい活動にしたい」それはただ、目先の活動内容を変えるということだけではないことに気づいたのです。

一学期最後の委員会活動では、Aちゃんの「手洗い場が汚い」という意見を生かして「学校内での汚いものさがし」の提案をしてみました。集会に向けて活動したことで三人の心が和らぎ、また以前からやりたいと思っていた救急処置の練習を取り入れたことで、おとなしい三人も、今までになくワイワイガヤガヤと「楽しい」ムードが高まってきました。

そんなムードのなか、委員長の六年生のMさんから「トイレをもっとかわいくしたい」という案が出ました。旧式トイレで、においもかなりきつかったのです。早速トイレのポスターづくりが夏休みの宿題になり、このまま休みにはいるにはもったいないくらいの盛り上がり方でした。

二学期は、またまた沈滞したムードからの出発。しかし、「汚いもの捜し」という自分たちがみつけたテーマがあったので、こちらもそこを大切に、手洗い実験（ヨード・デンプン反応）を準備しました。一学期の「歯の実験」とは違い、子どもたちには興味ある実験でした。今回は、実験を通してすぐに一学期最後の委員会のムードが戻ってきました。

◆保健所に教わってばい菌培養実験まで

「ばい菌って見えないから説得力がないんだ」「本物のばい菌じゃないと信じない」というMさん。この発言から、「保健所で寒天培地実験ができる」という活動に発展していきます。

保健所は子どもたちからの要求に感激され、実験はもちろん、培養されたばい菌の学習会もしていただけることになりました。地域に保健所という施設がありながらも、初めて足を踏み入れる子どもたち。全校のなかでいちばん最初に経験するということが、消極的だった三人に自信をつけさせたのか、それまでは「自分たちだけが楽しめばいい」という六年生でしたが、学習会後、ようやく「皆にもばい菌の実験をしてもらいたい」という意欲へと変容していきます。また、Aちゃんも、ばい菌のことを知ってもらうために、「委員会だよりをつくってみたい」という意欲にもつながっていきました。とくに「一年生にもわかりやすく伝えたい」という思いから、「クイズ型委員会だより」という、今まで見たことも考えたこともない新しい方法をとることにしました。

保健所に「もう一度、寒天培地がほしいのですが……」と頼んでみたところ、「簡単なので自分たちでつくってはどうですか？」と課長さんから意外な提案。早速つくり方を教えていただき、材料・道具すべてを借りて、学校で寒天培地づくりが始まります。「培地には色がついていたほうがいい」という子どもの希望を取り入れ、緑色の「カラーの培地」が完成。また、この実験から校長が「保健

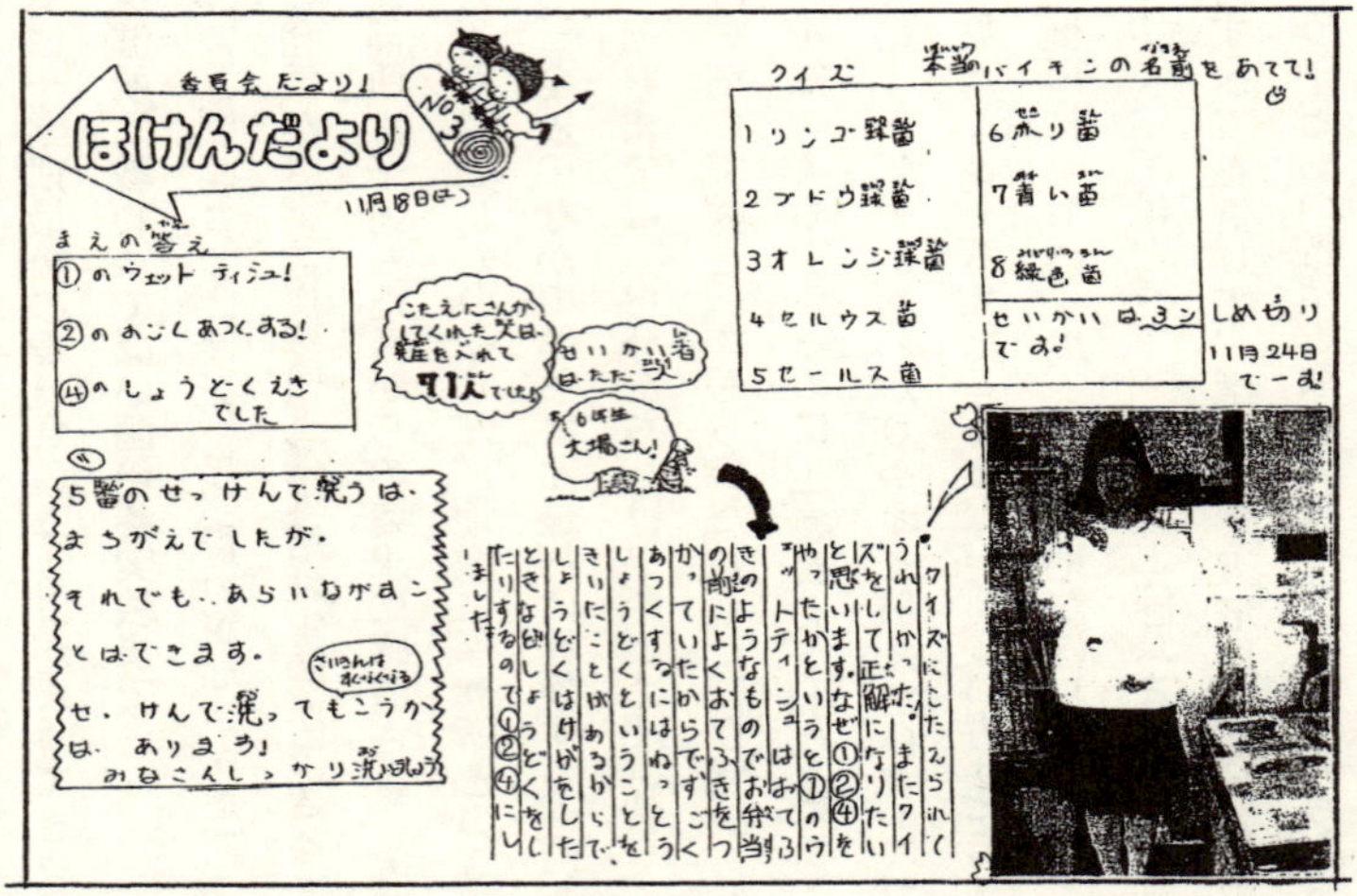

委員会だより！

ほけんだより

NO3

11月18日(土)

まえの答え

①のウェットティシュ！

②のおじくあつくする！

④のしょうどくえき
でした

5番のせっけんで洗うは、まちがえでしたが。
それでも、あらいながすことはできます。
せ、けんで洗っても、こうかは、ありますよ！
みなさんしっかり洗いましょう

こたえにさんかしてくれた人は雑を入れて9人でした

せいかい者はただ1人

6年生 大場さん！

クイズにこたえられてうれしかった。またクイズをして正解になりたいと思います。なぜ①②④をやったかというと①のウェットティシュはおてふきのようなものでお弁当の前によくおてふきをつかっていたからです。ごくあつくするにはねっとうしょうどくということをきいたことがあるからで、しょうどくはけがをしたときなどしょうどくをしたりするので①②④にしました。

クイズ 米当《ほんとう》のバイキンの名前をあてて！

1リンゴ球蒝	6赤《せき》り菌
2ブドウ球蒝	7青《あお》い菌《きん》
3オレンジ球菌《きゅうきん》	8緑色菌《みどりいろきん》
4セルウス菌	せいかいは3ンです！
5セールス菌	

しめ切り 11月24日でーす！

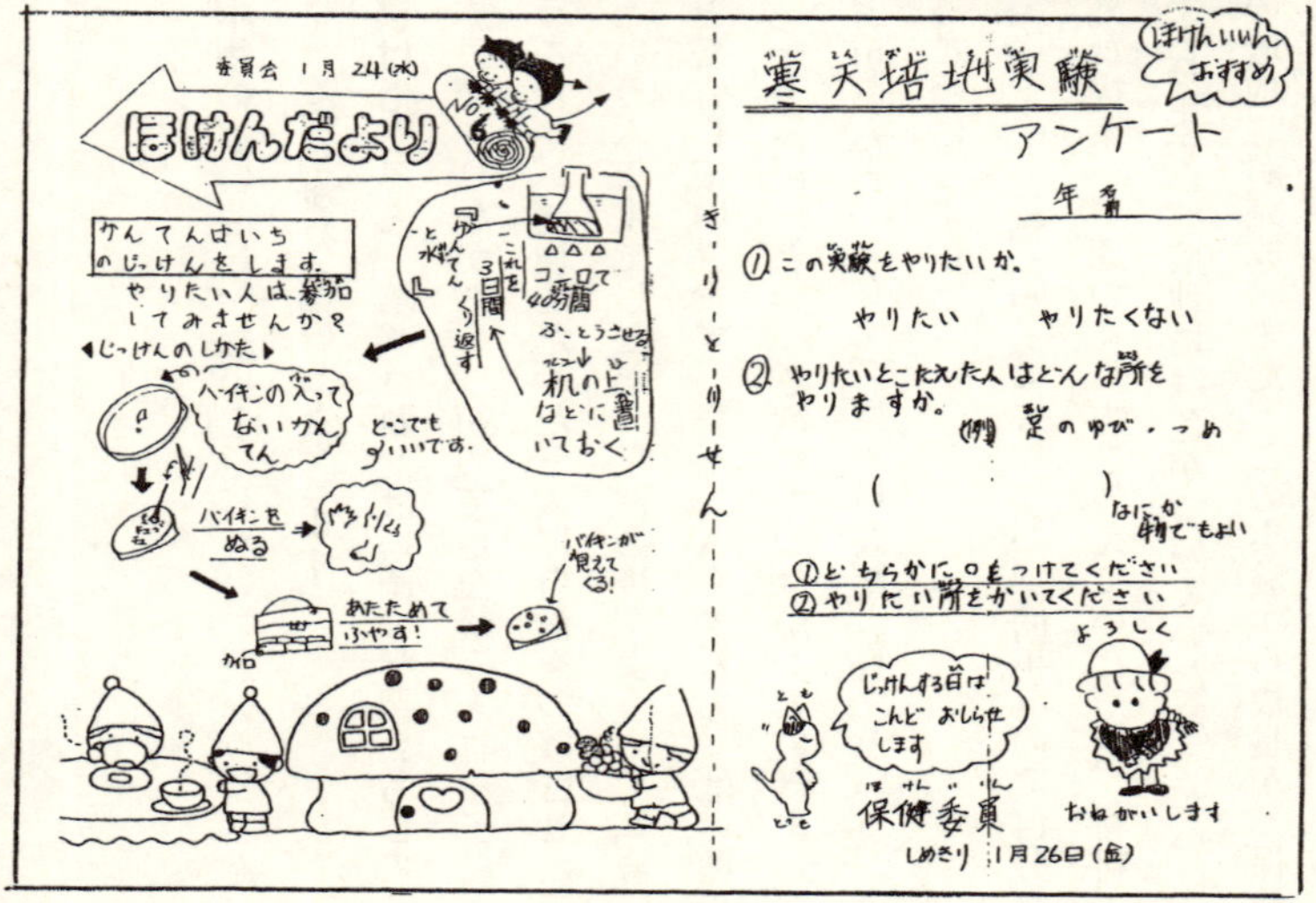

委員会 1月24(水)

ほけんだより

NO6

かんてんばいちのじっけんをします。
やりたい人は、参加してみませんか？

◀じっけんのしかた▶

バイキンの入ってないかんてん

どこでもいいです。

かんてんと水

コンロで40分間ふっとうさせる

これを3日間くり返す

机の上などに置いておく

バイキンをぬる

あたためてふやす！

カイロ

バイキンが見えてくる！

きりとりせん

寒天《かんてん》培地《ばいち》実験

アンケート

ほけんいいんおすすめ

年 組

①この実験をやりたいか。

やりたい　　やりたくない

②やりたいとこたえた人はどんな所をやりますか。
(例)足のゆび・つめ

(　　　　)

なにか所でもよい

①どちらかに○をつけてください
②やりたい所をかいてください

じっけんする日はこんどおしらせします

よろしく

保健委員《ほけんいいん》

おねがいします

しめきり 1月26日(金)

室にも冷蔵庫がいるのでは？」と、冷蔵庫を設置してもらいました。

実験は冬季だったため、培養は使い捨てカイロと発泡スチロールの箱を使ってチャレンジしてみました。使い捨てカイロの熱を発生させるには酸素が必要ということもあって、途中でスチロールの箱の蓋を開けて空気を補充するという作業が必要でした。三人は雪道を寒天培地のはいった発泡スチロールの箱を大事に家に持って帰り、大事に培養しました。培養機を使えば簡単ですが、使い捨てカイロを使って自分たちで培養するという行為は、子どもたちの心に残りました。初めてシャーレに反応が出たときは、汚いというより、感動のほうが大きく、三人は大喜びでした。「菌のなかには生活に役立つ菌もある」そんな学びから、酵母菌を使って、最後は三人でパンづくりを楽しみました。

◆二年目のＡちゃんは立派なリーダー

一年目の取り組みは、私の「委員会活動」の見方を大きく変えました。ただ、単発指導をしていたときと同様に、次年度も同じような取り組みができるか心配でした。それは、自分にしっかりした「子どもへの願いや思い」への信念がなかったこと、また、何をしたから子どもが動き始めたという確信がなかったこと、そんな基本的な自分自身の学びがまだまだ不十分だったのです。

委員長として残ったＡちゃんは、私にとって強力な助っ人でした。前年度の取り組みで、子どもたちに及ぼす影響も大きかったのか、保健委員は三人から四人に増え、男子を交えた活発な子どもたちが集まってきました。

そうはいってもAちゃん以外は新メンバー。すぐに和気あいあいとしたムードができるものではありません。前年の実験が記憶に大きく残っており、やりたいことをばんばん言って、すぐ結果を出したがるK君は、「実験がしたい。花粉を調べたい」のひと言。ほかに意見が出ないため、花粉調べが始まります。「顕微鏡を使って、ミクロの世界をのぞく」という行為は、瞬く間に全校に広がり、保健室には子どもたちがいっぱい集まってきました。しかし、そんなK君にAちゃんは「実験は『必要があるからする』のであって、ただ実験するだけなら意味がない」と、やんわりと抵抗してきました。そして、「今、私がやりたいのは、食品公害について。だってみんな困っているでしょ」と、自分のしたいことを主張します。私自身としては、アレルギーに興味があったので、花粉からアレルギーにと活動がつながっていくようにはたらきかけてみましたが、花粉調べに飽きてきたK君は、いつのまにか保健室から遠のいてしまい、結局こだわりをもったAちゃんの「食公害」に向けて、活動は始まっていきました。

このように子どもたちの発想は、こちらが意図したものではなく、意外な方向へと発展していきます。

二年目のAちゃんは、六年生のうしろで静かに出番を待っているAちゃんではなくなっていました。「着色料は白黒のプリントでは伝わりにくい」こんな発案で、ビデオづくりを企画することになりました。また、ビデオをつくるさいに、「しゃべるばかりだとみんなに伝わりにくい。もっとこわい事

食品添加物実験　（夏休み開催）
保健所が「子どもたちのため」に動き始めた！

私達保健委員会では，食べ物に使われている着色料についての勉強をしてきました。

着色料について調べるのに○○保健所のおじさんやおばさんに話を聞いたり，本を読んだり先生に聞いたりしました。着色料について調べるだけでも，ものすごく時間がかかって大変でした。そして勉強するうちに，これが食品添加物の一部だと気づき気がおもくなるような思いでした。

私達は，この勉強をとおしてわかったことは，ビデオでしらせ安全な食品を選んでくれる人がふえてくといいなと思います。

食品に使用されている薬について本当はもっとおしらせしたいのですが，時間もないので紙に書きました。

このむずかしい名前もお父さんお母さんにはわかると思います。

今まだ食べ物を買ってくれるのはお母さんです。お母さんにはぜひ知ってもらい安全な食べ物を子供達に食べさせてください。

保健委員会　Ａ

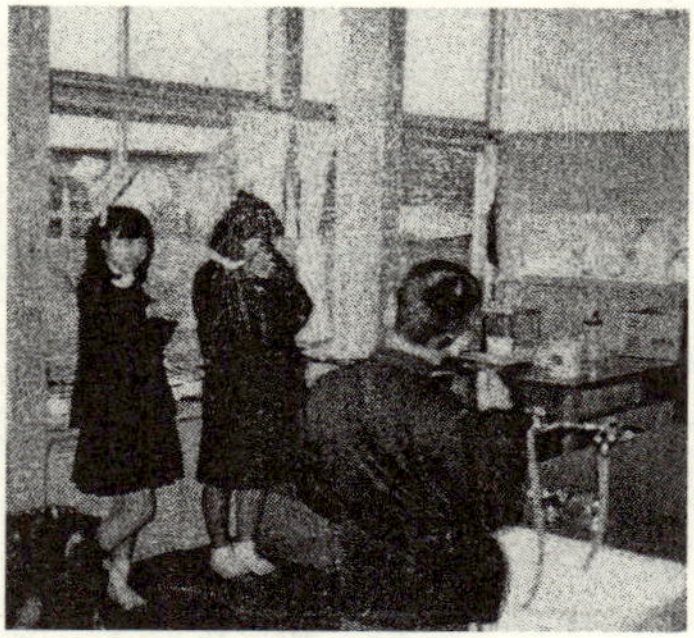

ビデオ撮影中

食品添加物実験とビデオづくり

実を伝えたい」と、保健指導にこわさを押しつけても……という私の考えをくつがえします。また、放送原稿をつくるさいも、「むずかしい内容はさらーっとでい い。みんなが出演できるほうが楽しい」と、ただ実験の結果をビデオにするだけでなく、クイズ番組も組み入れ、希望者には出演してもらうことになり、いつしか学校全体をまきこんだビデオづくりになっていました。また、委員会だよりを担当することになった五年生に、「委員会だよりは、今自分が何をみんなに伝えたいかを書くもの。それがなかったら書けないよ」そんな感動するようなアドバイスができるようになっていました。

Ａちゃんとともに歩んだ二年間は、私

にとって大事な時間でした。彼女は、私に「子どもを見る目」を変えさせ、委員会活動を継続していくなかで、「保健指導全体へ見方や考え方」を変えてくれたように思います。子どもを「育てる」「育てたい」そんな思いで委員会活動の子どもたちと接してきましたが、気がついたら自分自身が「育てられていた」ように思います。

また、このことで、保健所との交流が深まり、委員会活動だけではなく、養護の研修会や高学年対象の「環境の授業」などにとつながっていきました。

◆思ったとおりにならないからおもしろい

保健指導になんとなく行き詰まりを感じていましたが、委員会活動で「子どもたちに主体形成を育てたい」という願いをもつことで、保健指導の視野は大きく広がっていきました。それは、子どもたちが、こちらの思ったとおりに動いてはくれないので、予想しえない活動へと広がることも多いからです。子どもたちの何気ない発言は、次の活動へのヒントとなり、やりたいことがどんどん広がり、私を未知の世界へと導いてくれました。「寒天培地づくり」は、まさにその典型的な活動でした。

それまでは、学校から一歩出た活動に消極的になる自分がありましたが、子どもたちを「動かそう」と思うと、「やってみたら動くかも」という期待感になり、そのことは私の活動の原動力にもなりました。しかし、「動くかな」と思って投げかけても無反応なことは多々ありました。ただし、その無反応が無駄ではなく、そのことは違う場で違う機会に生きることもありました。

「子どもを動かす」ためには「待った」がなく、まずはテーマに沿ったアンテナを張りめぐらせないと、何も考えないところに情報ははいってはきません。テレビ・新聞・雑誌だけでなく街を歩いていても、店屋にはいっても、頭のなかはいつもテーマに関することでいっぱいになりました。とくに本屋さんや雑貨屋さん、文具屋さんは、教材の宝庫でした。

しかし、それは知識だけではなく、自然だったり、人だったり、固定されたものはなく、自分がイメージすることすべてが教材になります。

「からだの学習がしたい」と子どもたちが言ったとき、最初は「魚で内臓を見させて、あとはみんなで料理して食べよう」と考えました。しかし、魚を食べながら「魚は海の生きもの、陸の生きものと内臓は違うよね」そんな子どものつぶやきから、「隣町の養鶏所なら鳥の処理を見せてもらえるかも？」と考えが浮かびます。早速地域の人と交流の深い校務員さんの力を借りて交渉し、養鶏所の方から、本物の鶏の内臓を使っての学習会をしたこともありました。

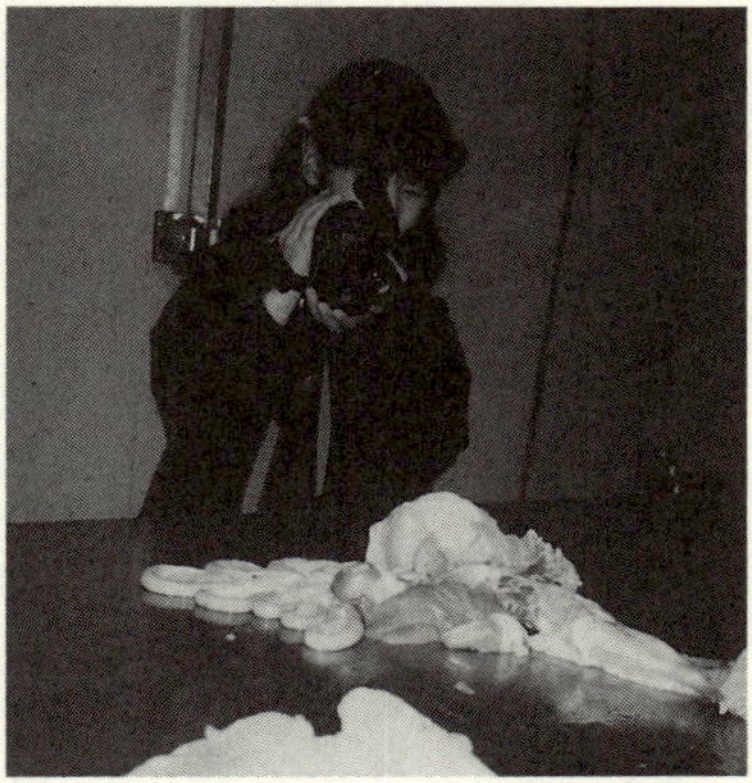
地域の養鶏所で内臓の学習

図鑑を見ればわかることも、この学習会を通して「みんなに教えたい」という意欲が生まれてきます。委員会活動を続けていくうちに、「環境問題」「福祉活動」「身体の学習」など、テーマはいろいろです。テーマが変われば一から資料集めが始まります。

また、同じテーマであっても、子どもが違えば、活動の展開が違うので、資料集めに余念はなく、資料はどんどん深まっていきます。気がつくと本棚には、いろいろなテーマの資料が集まっていました。それらは、委員会活動という場だけでなく、いろいろな保健活動の場に役立ち、今私の大事な宝となっています。

2. 小二のBちゃんが活躍する委員会

◆へき地校では時間も人材も限られる

一一年同じ学校で委員会活動を続けることで、ほかの先生からの理解や協力を得ることができ「委員会活動で……」といえば、反対されることもなく、自由自在にのびのびと活動することができました。しかし、そのことによって気づかないこともありました。その一つは、委員会の活動時間についてです。委員会の活動は、休み時間や放課後を使うことも多く、「子どもたちの意志」で活動が進められていきます。しかし、私のなかで活動を深めようとすると、ついつい「過程を大事に」と思いながらも「結果」に目が向き、必要以上の時間を子どもたちに要求してきたように思います。

ところが、次に転勤した僻地校では、子どもの安全性も考えて、放課後は高学年の授業が終わるのを待って、全員が午後四時に下校するのです。また、帰宅しても近くに遊ぶ友だちがいないこの地域では、昼休みは貴重な「遊びの時間」。人数がいないとできない遊びは一日のうち、この時間しかないのです。こうした条件のなかで、委員会の活動時間は、月に一回の「委員会活動」の時間のみで、時間の捻出はむずかしいものがありました。

また、全校児童数一四人のため、委員会は全校体制となり、一年生から委員会の一員として活動します。前任校では、委員会が活発化し、保健委員には元気のよいリーダー的な子どもも集まるようになっていましたが、ここでは多くのことを要求するわけにはいきません。「時間」も「人材」も、いつも条件がかなうわけではないのです。

僻地校への転勤は、私にとって、委員会活動を進めるうえで、考えていかなければならない課題をたくさん与えてくれました。

◆Bちゃんの発言で動き出した委員会

全校児童数一四人という山あいの、小さな小学校。委員会活動は保健、放送、美化の三つで構成されていましたが、保健委員は「五人」と意外にも大所帯です。しかし五人の内訳は、二年生一人、三年生一人、四年生一人、五年生二人と、全校児童をかき集めてのメンバー構成でした。

そのメンバーのなかでも、ひときわ目立ったのが二年生のBちゃんです。Bちゃんは「下の学年は上に従い、上の学年は下の世話をする」という地域の独特なルールを全く気にしない子どもでした。

Bちゃんは、いつも遊びのなかに入れてもらえないといっては泣き、ボールが顔に当たったといっては泣いている子でした。しかし、何度も悲しい思いをしているにもかかわらず、人より目立つことが大好きで、上級生にもずけずけ言いたいことを言う、打たれ強く立ち直りも早い女の子です。そんなBちゃんを交えての委員会活動は、不安と期待が入り交じった出発となりました。

初めての委員会活動の日、子どもたちに「委員会活動は、決められた活動はない」ことをていねいに話し、「次の委員会までに、何か自分のまわりにある健康問題を探してみようよ」そんな投げかけをしてみました。

初対面同様の子どもたちでしたが、次の委員会では「トイレのスリッパを揃えない」「トイレのあと、手を洗わない」「ランチルームのパンくずが汚い」「かめ虫が多い」など、私の予想よりはるかにたくさんの意見を発表しました。

私はうれしくなって、「じゃあ、その問題を解決するために、どんなことがしたい?」と期待を膨らませて投げかけてみました。しかし、活発な意見とは裏腹に、今度は沈黙の時間が続きました。

そんなときBちゃんが「私、トイレのスリッパをかわいくしたいな。家にシールがあるからもってきて貼りたいな」と発言してくれました。私にとっては神様のような言葉でしたが、高学年から出た意見は「シールなんて貼ったってすぐ取れるじゃん」でした。瞬間に、Bちゃんの発想は却下されてしまったのです。しかし、このＢちゃんの発言のおかげで、トイレについてみんなで話し合うことが決まりました。

人数の割にトイレの数が多い学校なので、「みんなはどのトイレをいちばん使うの？」という質問から、「マイトイレのアンケート」をとってみることが決まりました。残念にも却下されたスリッパのシール貼りでしたが、Ｂちゃんと私、二人ですることにしました。「先生、これって仕事だけど楽しいね」。仕上がったスリッパを見ながら、満足気なＢちゃんでした。

順調に動き始めた委員会活動でしたが、次の活動の話し合いになると、また沈黙が続きます。しかし、そんな会でいつも助け舟となるのがＢちゃんのひと言。「トイレットペーパーの使い方がもったいない人がいるんですけど」。Ｂちゃんらしいちょっとトゲのある発言でしたが、今回は高学年も仕方なく賛同しました。

そして、アンケートパートⅡでは「トイレットペーパーの長さ調べ」が決定しました。「トイレットペーパーを調べるならトイレもつくろうよ」。そんな私のアドバイスで、保健室ではひそかに模型のトイレづくりが始まりました。しかしそんな楽しい話はすぐに全校に広まり、いつの間にか高学年の女子も、手伝いにはいってくれました。自分たちがつくったトイレということもあって、ちょっと抵抗のあるトイレットペーパー調べにも嫌がらずに参加してくれました。

トイレの活動から「うんこ」や「おしっこ」に興味が移行してきたので、さりげなく「うんこ」と

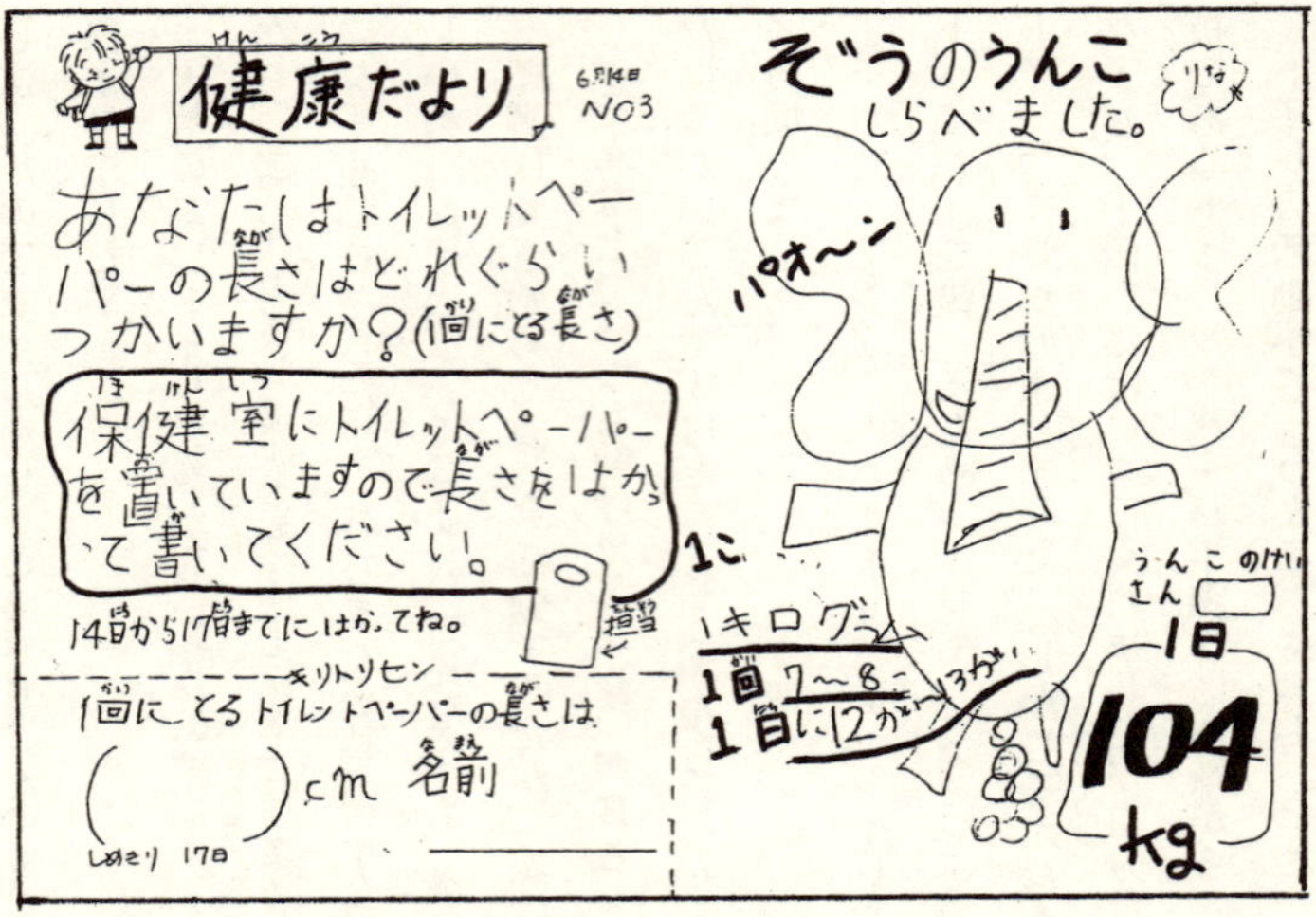
健康だより
6月14日
NO3
あなたはトイレットペーパーの長さはどれぐらいつかいますか?(1回にとる長さ)
保健室にトイレットペーパーを置いていますので長さをはかって書いてください。
14日から17日までにはかってね。
キリトリセン
1回にとるトイレットペーパーの長さは
( )cm 名前
しめきり 17日
ぞうのうんこ
しらべました。
りな
パオ〜ン
1こ
1キログラム
1回 7〜8こ
1日に12かい〜13かい
うんこのけいさん
1日
104
kg

トイレットペーパーの長さ調べ

「おしっこ」に関する絵本を保健室に出しておきました。それに真っ先に飛びついてきたのもBちゃん。Bちゃんの気に入った「象のうんこ」がきっかけで、紙粘土で動物のうんこづくりが始まりました。

本物とずいぶん違うけれど、食べものによってうんこが違うことや、生活によってうんこが違うことなど、絵本の資料を参考にしながら、ワイワイガヤガヤ、みんなで楽しく学習することができました。

活動のきっかけづくりをしてくれるBちゃんは、委員会活動にはなくてはならない存在ですが、同級生の男子からも「こわいから嫌い」と言われ、相変わらずだれからもなかなか認めてもらえません。

◆みんなが少しずつ動き始めた

二学期も「うんこ」パワーは消えず、「動物のうんこ」を中心に、話が展開していきました。「じいちゃんの家には牛がいる」という四年生のＨ君の発言と「学校の近くにある牧場なら牛が見せてもらえるかも」という情報から「牧場に行ってみたい」と、みんなで話が盛り上がりました。ところが、動物が苦手な（こわい）Ｂちゃんの活動の意欲は、なかなか出てきません。

二学期は、運動会だけでなく、音楽会や学習発表会など、行事がめじろおし。とくに小規模校では全員が主役のため、全校児童が行事のため忙しく時間を過ごします。イベントで目立つことが大好きなＢちゃんの心は、保健室からどんどん離れてしまいました。

しかし、委員会は高学年を中心に、「ペットのうんこを写真に撮ってくる」ことや、「牧場への見学のお願い」なども、着々と進んでいきました。

一学期、ほとんどしゃべらなかった高学年二人も、「委員会だより」づくりで何度も保健室に来るようになって、ようやく気軽に話ができるようになり、Ｂちゃんの刺激がなくても、やりたいことが言えるようになっていました。

◆うんこの学習から「体の迷路」クイズ発表へ

ようやく落ち着いた二学期末。Ｂちゃんを含め、子どもたちの心は委員会活動のほうへと戻ってきました。

みんなで楽しくからだの学習をするために、「体の迷路」がしたいといった五年生のM君の発案を実現化させるために、改めて話し合いが始まったとき、今まで関心を示さなかったイベント好きなBちゃんの出番がきました。今回も、「小腸の長さってすごく長いんだって」「どのくらい長いか知っている?」というやりとりから、みんなで「体のクイズ」をつくることが決まりました。

「迷路だから、クイズの答えを右の道か左の道かを選ぶのはどう?」というヒントで、ようやくみんなに「迷路」のイメージができてきたようです。

なんとなくみんなから無視されていたBちゃんの意見も、このころから少しずつ認められるようになりました。

「小腸はプレゼントにしよう」というBちゃんのアイデアは生かされ、荷物用のテープで小腸づくりが始まりました。また、学校でいちばん背の高い先生の小腸をつくりながら、「〇〇先生の小腸ってすごく長いね」と感動しながら作業は続きます。休み時間になると必ずやってくるBちゃんに刺激を受けてか、上級生も迷路の準備にまじめに取り組むようになりました。

クイズは内臓の分担を決めて、一人一問。「自分が初めて知って驚いたことをクイズにすると、みんなも驚くよ」そんなアドバイスで、本を見ながら、みんなで一生懸命考えました。一問だけということだったので、慎重になりましたが、負担のかからない無理のないクイズづくりになりました。

二月、いよいよ「体の迷路」の発表の日がやってきました。迷路にはいる前に、事前に行なったア

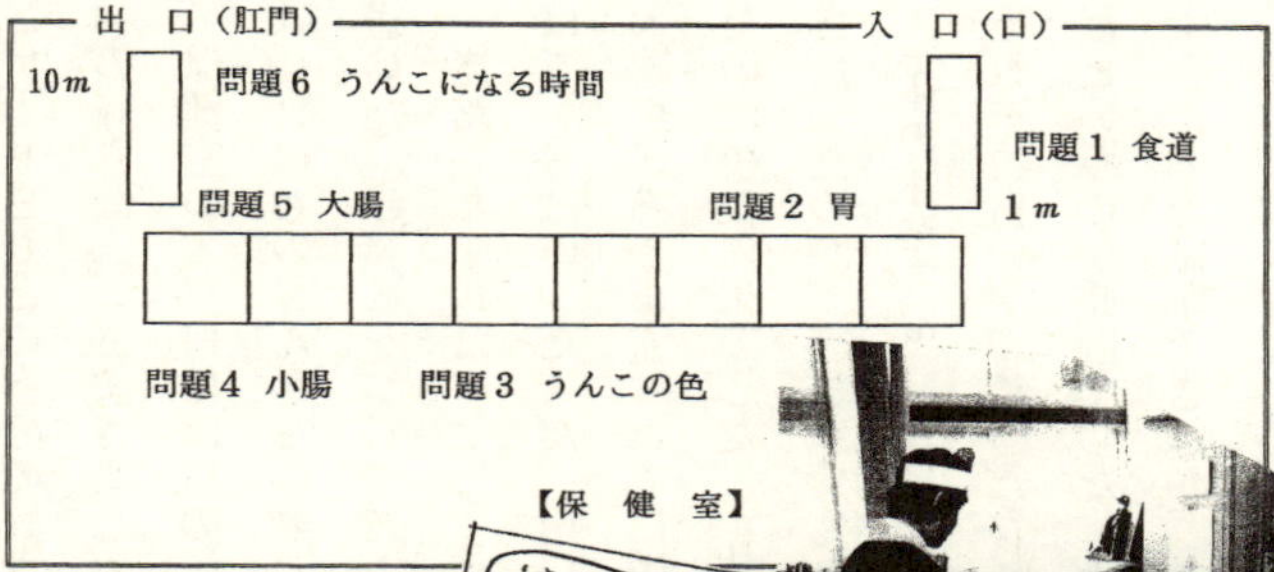

◆　好きな食べ物になって口から入ろう
◆　間違ったら入口まで戻ろう（消化不良）
◆　出るときはうんこの手紙をもらおう

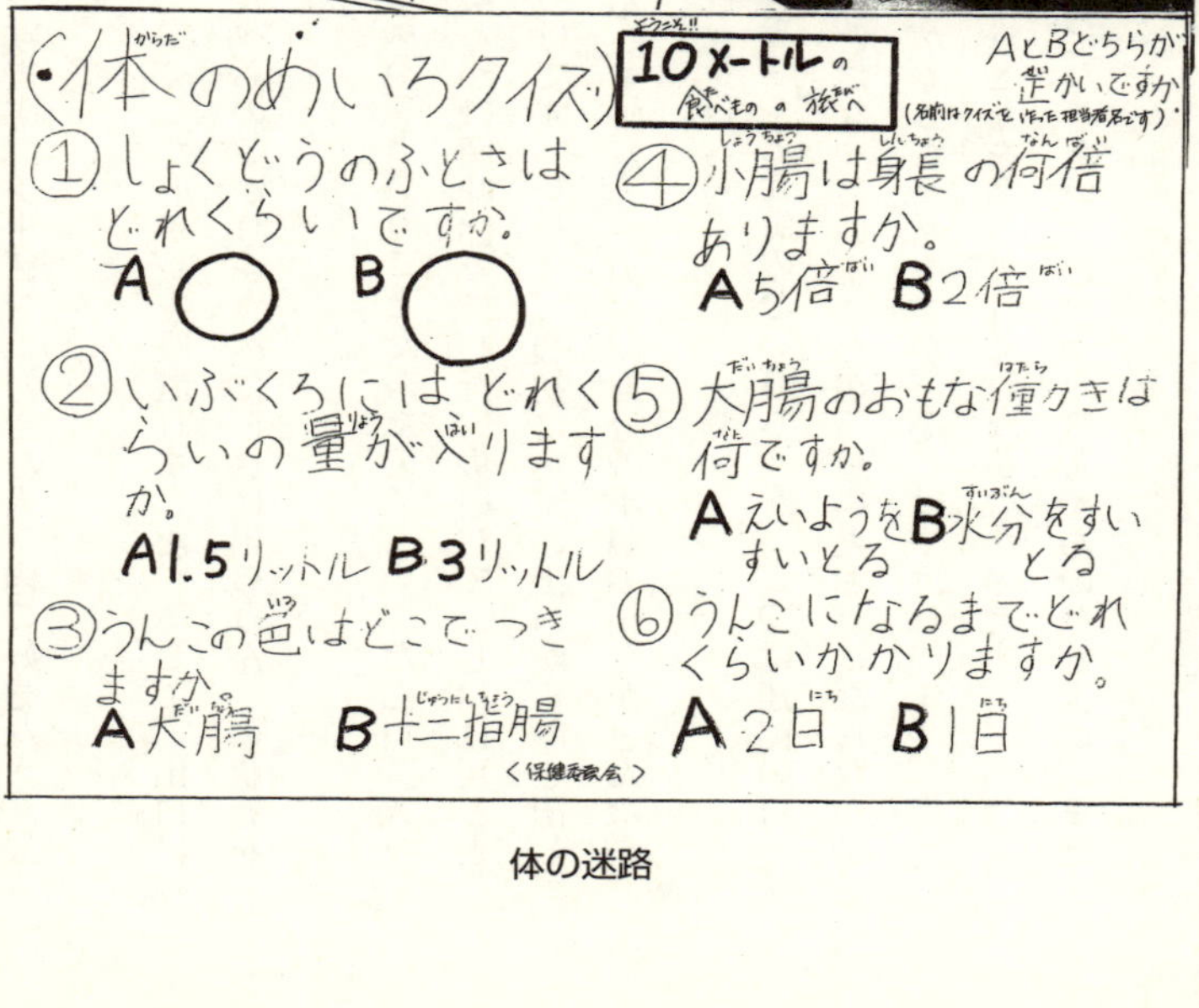
体《からだ》のめいろクイズ
ようこそ!!
10メートルの
食《た》べものの旅《たび》へ
AとBどちらが
正《せい》かいですか
（名前はクイズを作った担当者名です）

①しょくどうのふとさはどれくらいですか。
A○　B○

②いぶくろにはどれくらいの量《りょう》が入《はい》りますか。
A1.5リットル　B3リットル

③うんこの色《いろ》はどこでつきますか
A大腸《だいちょう》　B十二指腸《じゅうにしちょう》

④小腸《しょうちょう》は身長《しんちょう》の何倍《なんばい》ありますか。
A5倍《ばい》　B2倍《ばい》

⑤大腸《だいちょう》のおもな働《はたら》きは何《なに》ですか。
Aえいようをすいとる　B水分《すいぶん》をすいとる

⑥うんこになるまでどれくらいかかりますか。
A2日《にち》　B1日《にち》

＜保健委員会＞

体の迷路

ンケートをもとに自分の好きな食べもののお面をつけます。ラーメンの好きな人、肉の好きな人、果物の好きな人、さまざまなお面をつけての参加です。

保健室の入り口には口の絵を、出口にはみんなでつくったトイレを設置しました。そして、出口には「食べものさんからの贈り物」として、好きな食べものばかりを食べたときに出るうんこの状態を書いた「手紙」をつくっておきました。

迷路のルールは、「クイズに間違えると入り口に戻る」ということだったので、いったん口(入り口)からはいった人が、出口から出るか入り口に戻るかは興味津々でした。失敗して入り口に戻ると大歓声が沸きます。とくに先生が失敗すると、大うけです。そして、最初に迷路の出口から顔を出したのは校長先生でした。先生も全員が参加し、どんな手紙だったのか、自分の小腸の長さがどんな長さだったのか、職員室でもしばらく話題は続きました。

「体の迷路」は、全校に好評で終わったものの、ちょっと元気のないBちゃん。じつは迷路の日、それぞれ自分がつくったクイズの場所を担当することになっていましたが、思いどおりにならなかったというのが原因でした。上級生と同じことをしたがるBちゃんですが、そこはやはり二年生。思うようにお世話ができなかったと同時に、みんなも言うことを聞いてはくれなかったのです。

反省会で「おもしろくなかった。来年は放送委員になりたい」と言ったBちゃんのひと言が、またもやみんなをとても嫌な気分にさせてしまいました。

◆Bちゃんだけでなく、みんなが成長した

新学期、またまた保健委員になってしまったBちゃん。小規模ゆえに、なかなか希望の委員会にはいれません。しかし、今年入学した弟と一緒の委員会ということで、ちょっぴりお姉さん風を吹かせ、反省会で言った言葉を忘れたかのように、弟に一生懸命教えている姿は一年間の成長を感じさせます。

興味のあるものには突進し、嫌いなものには見向きもしないBちゃん。また、活動を始めてもむずかしくなると飽きてしまうBちゃん。まだ二年生だから……と見守ってきたものの、いつの日か、気まぐれに活動するのではなく、問題解決のために継続した活動ができるリーダーに成長していってほしいものです。

二年生のBちゃんにスポットを当てて委員会活動をみると、Bちゃん自身が大きな活動をやりとげるというのではなく、Bちゃんの刺激によって、まわりにいる上級生四人が活動し、成長していったように思います。とくに五年生のM君は、一人っ子。泣き虫で依頼心が強く、なんでもお母さんがやってくれる甘えん坊です。苦手な水泳も、泳げないというだけでなく、低学年と一緒に小プールにいても平気な子でした。しかし、「体の迷路」をしようと発案してからは、「どうしたらいいかわからん」と頼りながらも、活動の中心となってくれました。Bちゃんは、委員会だよりを書いても、うんこをつくっても、そこはやはり二年生。そんな未完成のフォロー役は上級生。委員会が動き始めると、必然的に高学年のM君たちの力はなくてはならないものになりました。

平成12年度保健委員取り組み「実践記録」

月日	教師の支援	児童の活動・反応
4月13日（月） 委員会活動①	・“健康問題さがし”を投げかける	・司会は上手に進行する ・常時活動の分担を決める
5月1日（月） 委員会活動②	・健康問題はさがせたか？ ⇩高学年は途中声をかける （トイレに意見が集中する） ・“トイレ”は1つの場と考えトイレから何が考えられるだろう　⇩ ・マイトイレの調査を提案する （第1弾アンケート）	・トイレのスリッパが揃わない ・トイレのあと手を洗わない ・給食でパンの屑が汚い ・ほう虫が多い　など ●スリッパに絵を描いたりシールを貼ったりしたい ●ペーパー入れの箱をつくる
		●宝物の色紙とシールをもってくる （スリッパにはりたい・ペーパーの箱をつくりたい） ⇩ 「仕事だけど楽しかった」
5月11日（木） 休み時間	・アンケートは“委員会だより”に書くようにすすめる 「うんこの絵だって描いてもいいよ」とリラックスさせる	・初めての“委員会だより”に難色を示す ・“うんこ”や“おしっこ”の言葉にようやく笑顔が出る ・トイレアンケートは簡単に仕上げる
6月3日（土） 委員会活動③	・活動内容を話し合わせる （今回はしっかり考えさせる） ・トイレをつくってみない？	・おしっことうんこの回数を調べたい ●ペーパーを無駄に使う人がいるので調べたい
6月12日（月）	・厚めの発泡スチロールを準備 6年生の女子がおもしろがって手伝いに来る ⇩ 全校でトイレづくりが始まる 早くも17日に完成	・ペーパーを計る目盛りをつくる ・段ボールで壁をつくる ・本物のホルダーを付ける
	・学習させよう 「うんこ」や「おしっこ」の本を準備する	●“ぞうのうんこ”に注目する
7月3日（月） 委員会活動④	・「動物のうんこを紙粘土でつくってみようか？」と誘う	・アンケート第2弾の調査がしたい（おしっこ・うんこの回数調べ） ・うんこがつくりたい 「人間のうんこでもいいならつくりたい」 ・ペーパーの調査結果のグラフづくりをやりたい

9月4日（月） 委員会活動⑤	・２学期の取り組みについて話し合う ・身近にいる動物のうんこ調べの方法を考える （インスタントカメラで撮影しよう） ・牛のうんこを見に行こう その後牧場に交渉 牧場行きは10月14日(土)に決定	・うんこになるまでを「迷路」でつくりたい ・動物のうんこ（ペット・家畜）を調べたい →ハムスター・さる・ねこ・インコ・いぬなど ・「じいちゃんちに牛がいる」 ⇩ 賀屋牧場に牛がたくさんいる
10月7日（土） 委員会活動⑥	・“うし”の質問を考えよう （インタビューをしよう）	・うんこの量 ・便秘や下痢をするのか ・うんこの色や形 ・食事の量と回数　など
10月14日(土)	賀屋牧場へ	インタビューする
11月1日（水） 委員会活動⑦	・自分の体を大判用紙に型どってみよう （体の学習が進まないので働きかける）	・紙に描くと意外と大きいのに驚く ・体の絵に内臓を描く （2・3年生には難しいので手伝う）
12月4日（月） 委員会活動⑧	・迷路の準備をしよう （迷路なので，選択問題をつくったらどうだろう） →体の中（内臓）のクイズをさがそう	・体の中の迷路について考える （やりかたがわからない） ・うんこも仕上げよう（色づけ）
1月15日（月） 委員会活動⑨	・宣伝用のパンフや案内はいらないだろうか ・クイズを出すときひと工夫してみよう ⇩ 自分の好きな食べものを選んで口からはいってもらう 好きな食べものに対する「うんこからの手紙」を出す　など	・ようやく迷路が見え始め準備に意欲的に取り組み始める ●小腸はプレゼントする プレゼントの袋もつくる
2月5日（月） 委員会活動⑩	・迷路の準備	・リハーサル ・道具準備→食べもののお面づくり
2月13日（火） 昼休み	発　表 ～体の迷路～	

牧場でインタビューしたよ！

「成果より過程を大切にする」考えは、二年生を含んでの委員会活動の不安を取り除いてくれたように思います。委員会で活動を共にし、ちょっぴり意見も認められるようになったBちゃんも、いつしか毎日流していた涙を見せなくなっていました。

3. 保健室登校のCさんとともに文化祭をめざす（中学）

◆久々の中学校勤務で

久々の中学校勤務。そこで待っていたのは、保健室登校をし始めたCさん。そして私に与えられた職務は、教育相談主任というポジションでした。

一学期、「委員会活動」が気になりながらも、Cさんとの絆づくりが重要でした。新年度の保健行事をこなしながら、慣れない教育相談の準備をし、目の前にこなさなければならない仕事が山積し、自分自身に「心の余裕がない」状態が続きました。

また、小学校勤務が長かったせいか、中学生とどう向き合っていくか、会話一つとっても不安だらけの毎日でした。しかし、そんな私の話相手になってくれたのが、世話をしているはずのCさんだったのかもしれません。Cさんは不登校の期間が長かったのですが、おしゃべりが大好きな女の子でした。Cさんは、家族やペット、好きな芸能人の話など、自分からどんどんしゃべってきます。ところが、同級生が保健室にやってくると、急に無口になってしまいます。相手が一人の場合は、緊張しながらもなんとか話せるのですが、数人になると、いつ自分が話に参加してよいかわからなくなり、話ができなくなるというのです。対人関係のもつれから不登校になったというＣさんにとって、同級生とのかかわりは、まだまだ重圧でした。

Ｃさんは学校にいる間、いつも不安と緊張に包まれていました。そんなＣさんのおどおどした姿は、中学生の心の叫びでした。また、「みんなが私を見ている」など、いつも不安な気持ちを訴え続けたＣさんの言葉で、中学生の不安定な心情が伝わってきました。

保健室にＣさんがいることで、私の仕事はもちろん増え、保健室も自由な空間はあまりありません。保健委員の活動一つとっても、Ｃさんの居場所を確保するということで、活動の時間を配慮したり、場所を変えたりと、最初はいろいろ気を遣いました。しかし、Ｃさんが保健室にいるということで、必然的に生徒たちは保健室のマナーを守り、新年度も保健室は「静かな空間」を保つことができ、保健室としての機能を保ってくれたように思います。

◆Ｃさんを保健委員に

Ｃさんは担任の配慮で保健委員になります。そして、保健委員長のＹさんのかかわりで、Ｃさんは少しずつですが、動き始めることができました。

「委員長は二学期まで。しかし、ほかのメンバーは学期ごとに別の委員会に変わります」と、初めての委員会活動で三年生から聞かされました。日々の活動時間が少なくても、一年間通して活動をしていけば、なんらかの成果を得ることができ、子どもたちの成長はみていけると考えていた私にとって、一年間を細切れにされた委員会活動のシステムには耐えがたいものがありました。月に一回設けられていた委員会の活動時間も、すべてほかの行事と抱き合わせの「一五分間」。学校全体が、委員会活動で「生徒を育てる」という意識はなく、学校運営のための委員会活動といったものでした。

しかし、うれしいことに、保健委員には前任者の残してくれた「委員会だよりをつくる」という「健康文化」がありました。生徒はこちらから指示しなくても、三年生を中心に委員会だよりを作成する話を進めていきます。私は「委員会だよりを書くうえで、身近な問題に目を向けるように」と指示し、話し合いのあと、生徒に任せることにしました。

三年生は「最近みんな遅くまで起きている」というT君の意見に賛同します。T君自身は、毎日ぎりぎり登校の常習犯。家が学校から近く、起きたらパンをひと口食べ、すぐに学校という生活。授業中「お腹が痛い」といってはトイレに行き、保健室でしばらく授業の文句や世間話をして、教室に戻っていきます。そんなT君の生活体験から「睡眠」についてアンケートをとることが決まります。三年生はCさんを含めて男女二人の計四人。委員長はおとなしくまじめなYさんでした。

一学期は、部活の試合や修学旅行など、行事が詰まりに詰まって、一枚の委員会だよりもなかなか仕上がりません。吹奏楽部のYさんは「みんな時間がないんです」とぼやきながら、こつこつとアンケートを集計していきました。そんなYさんを傍で見ながら、Cさんが私にそっと「私も何か書いてみたいです」と言い、Yさんと私を驚かせます。

このとき、まだまだCさんは、学校に毎日来ることができず、登校しても十時すぎという状態だったのです。Cさんは、委員会だよりの隅っこに「就寝・起床の時間が決まっているのはよいことだけど、その時間が早くなるともっとよい」と、コメントを書かせてもらいました。また、ときどきですが体調がわるく保健室に来る人に「大丈夫？」と声をかけるなど、保健委員としての自覚も芽生えてきました。そんな自分に少し自信がもてるようになったのか、担任と体操服をめぐってちょっとした口論となります。担任は金銭的にも無駄なので、新しい体操服を買うのをやめるようにと指導しましたが、本人は「みんなにとっては、あとわずかだけど、私にとっては大事な一年」と言いきったのです。このころから登校時刻もだんだん早くなり、授業も日課に沿って保健室で学習できるようになりました。

しかし、Cさんは「元気になると友だちがだんだん離れていく」とぼやくようになり、心は揺れ動き、またまた欠席が続きます。そんなCさんにとって、腹痛でやってくるT君からの「おはよう」や、保健室にしばしば足を運ぶYさんの存在は大きく、Cさんの心の支えとなっていきました。

◆「文化祭で何かがしたい」

その委員長のYさんが、「文化祭で何か発表したい」と言ってきたのは一学期最後の委員会の日。

中学校には文化祭という全校発表の場があることはわかっていましたが、私自身にゆとりがなく、文化祭自体どのようなものかわからなかったので、転勤した一年は様子をみようと思っていた私にとって刺激的な言葉でした。

二学期はメンバーが変わるということもあって安請け合いできなかったのですが、「ここで生徒が動く」と思うと、いても立ってもいられません。もう私のなかでYさんの言葉が頭から離れなくなりました。ラッキーにも、三年生の新メンバーは、責任感のある女子が揃っていました（残念にもCさんは給食委員になっていました）。そこで、最初の委員会の日、勇気をもって「文化祭に向けて活動しませんか？」と声をかけることにしました。ところが、今回の三年生のメンバーは吹奏楽部が多く、文化祭は部活の発表と同時進行になってしまうので、複雑な顔になります。「舞台発表は絶対に嫌！」という意見もありましたが、「展示発表ならしてみよう」との心強い意見もあって、まずはできるところまでという思いで、文化祭に向けて委員会は動き始めました。

◆「保健室利用の実態」と「心と睡眠」を展示発表

三年生は、「委員会だより」という「紙面」を、文化祭で「展示」というかたちにして発表しようと決めます。私はまず、一学期の保健委員がつくった三枚の委員会だよりを見せることにしました。各学年がつくった委員会だよりのなかで、三年生は一年生のつくった委員会だより「保健室利用の実態」に目がとまります。クラスにCさんという存在があってか、「けがより病気で利用する人が多い」

「利用者は男子より女子が多い」など、「みんな何に悩んでいるか知りたい」と、精神面の内容に興味を示します。そして新たに「心のアンケート」をとることが決まります。

しかし、二学期は運動会など、生徒への負担が大きい行事も多く、予想以上にハードスケジュールになってしまいました。みんな発表を忘れたかのように、集まることもなく、私ははらはらどきどき状態です。さすがのYさんも、部活動のほうに時間をとられ、昼休みを利用しないかぎり、委員会の活動はできなくなってしまいました。

「やっぱりやらなきゃよかった……」そんな私の気持ちが伝わったのか、時期が迫ると、三年生は自分たちのノルマを果たしにきます。中学生のエネルギーを感じた瞬間でした。「無理なことはしない」「させない」と自分に言い聞かせて取り組んだ発表は、アンケートをグラフにして考察するという簡単なものでしたが、「できない」と思っていたことが「できた」ことが、生徒にとっても私にとっても大きな収穫でした。

文化祭には、一学期の保健委員が取り組んだ「睡眠」のアンケート結果も掲示用につくり変えたり、TV番組「トリビアの泉」式にクイズをつくったり、一・二年生の協力のもと、「心と睡眠」をつないだすばらしい展示発表となりました。委員会の発表は保健委員のみでした。いつも心静かなYさんですが、達成感いっぱいの笑顔でした。

それと同時に、文化祭はCさんにとっても飛躍の舞台となりました。じつは、三年生になってようやく学校行事に参加できるようになったCさんは、担任のすすめもあって、町内音楽会の全校合唱に参加しようと心に決めます。まだ教室に行けなかったCさんでしたが、保健室で出前授業を受けながら、合同練習のチャンスを待ちました。ところがやっと練習に参加させたものの、人の目やひそひそ話が気になったり、「みんなが迷惑そうな顔をする」と言ったり、毎日が緊張の連続でした。しかし、先生をはじめいろいろな人たちの支えもあって、なんとかステージに立つことができました。この「全校合唱」は、音楽会だけでなく、文化祭や卒業式まで「全校の絆」として歌いつながれていくのです。そして、その第二弾が文化祭のステージです。

一年生の二学期から休み始めたCさんにとって、文化祭への参加は初めての経験です。作品の出展をはじめ、学年のステージ発表など、すべてがCさんにとっては新鮮であり緊張だったのです。

学校全体が文化祭一色に染まり、保健室もCさんだけの部屋ではなくなり、だんだんCさんは居場所を失い不安定になっていきます。しかし、保健室で心病んだ下級生や同級生と出会うことは、Cさんに勇気をもたせ、三年生の集計したアンケートで「ふつうにみんな悩んでいる」という結果は、Cさんを安心させました。

文化祭の最後のセレモニーは「全校合唱」。体育館は真っ暗になり、生徒の人数だけペンライトがともされます。そして三年生全員で選んだ歌「青春の輝き」のハミングが流れ始め、全校生徒の気持ちが頂点に達し、文化祭は幕を閉じます。

文化祭が終わり、照明がつくと、感動に浸っていた心も現実に戻ります。にわか仕立てではありましたが、忙しいなかがんばって完成させた保健委員の作品も取り外され、学校は刻一刻と普段の姿に戻っていきます。そんななかCさんは保健室に戻り、感極まって泣き出してしまいました。「先生、何でかわからんけれど涙が出てくる」そんなCさんの言葉が、体育館で現実に戻されたときの気持ちと重なり共感できました。

その後、担任と教室に戻っていったCさん。お母さんも初めて文化祭を参観され、親子ともども感動の一日となりました。まだまだみんなと同じ時間に活動することがむずかしいCさんですが、今度は高校入試と卒業式に向けて歩み始めたのです。

◆「委員会だよりづくり」という健康文化の伝統をつないでいきたい

二年目の保健委員の目標は「みんなに読んでもらえる委員会だより」づくり。「一枚の委員会だよりを冊子にしよう」「できあがった冊子は、宣伝しよう」など、「委員会だより」の改革をめぐって意見が交わされます。前年度一枚でもなかなか仕上がらなかったことを考えると無謀な発想でしたが、子どもたちの「変えていこう！」そんな新しいエネルギーが頼もしいかぎりでした。

また、一年生の小学校での学びを生かした「おやつ調べ」では、久々に実験を取り入れることにしました。今まで奉仕的な活動しか見たことのない教職員は、ソフトドリンクの糖度調べに興味津々。とくに「にせものジュースづくり」では、他の先生から「実験はいつやるんですか?」「冷蔵庫の炭

にせものジュースづくり（実験）

酸水はいつ使うんですか？」と催促の声。実験当日は、自分の委員会の都合をつけてまで参加し、炭酸水と着色料、着香料、砂糖を混ぜ合わせた飲みものに保健委員と一緒になって「まずい！」と大さわぎ。教務の先生も「まさに『総合的な学習』ですね」と絶賛してくれました。保健委員の活動は、教職員にも少しずつ理解され、部活でも「委員会活動を優先していいよ」と、優遇されるようになりました。

「文化祭では発表をする」という基本ベースもできあがり、一学期作成した「委員会だより」を生かした活動へ進めています。今はまだ、「何もやっていない」「何も進んでいない」と、あせりと不安と不満が入り交じっていますが、子どもたちは、「私たちを見くびらないで！」と、期間が迫れば何食わぬ顔で集合し、新しいものをつくりあげていきます。今までは資料となる本を探してきたことも、インターネットなどを使い、簡単に資料を収集するなど、テーマが決まれば、どんどん自分たちで動き始めるのです。

これからは文化祭というステージを利用し、「委員会だより」をバトンに、「あせらず・さわがず・ゆっくり」と、子どもを「育てる」活動にしていきたいものです。

◆委員会活動で、子どもを見る目が育てられていた

中学校では「土壌がない、時間がない」と嘆きながらも、「やれるところまで」と、自分に言い聞かせ、まがりなりにも文化祭の発表もやりとげることができました。まずは一歩から、今ようやく委員会に費やす時間が確保されようとしています。

メンバーは委員長以外は学期ごとにかわりますが、活動内容は一年を見通した取り組みをしています。一年目の「みんなどんなことに悩んでいるのだろう？」という疑問が、二年目も同じように「みんなの心が知りたい」と、文化祭のメインテーマとなりました。また一年目の一学期、「みんな眠ってないよ」と睡眠調査をしましたが、同じように翌年も「どうやったら気持ちよく眠れるの？」と、調査をしました。

時間がないからこそ、活動内容を細切れにするのではなく、前年度からの取り組みを大切に、次年度へ積み重ねていくことも必要なのではないかと思います。

「子どもを育てる」うえで、まだまだ課題いっぱいの中学校の委員会活動ですが、もっと目を向けないといけないのは、心揺らぐ生徒たちとのかかわりです。友だちとの距離がうまく保てずに保健室に来る生徒、家庭のなかにも学校のなかにも居場所がないといつも体調不良を訴える生徒、自分の評価が高すぎて息苦しくなって倒れこむ生徒、生き方が下手な生徒はCさんだけではありません。

そんな不安定な生徒たちと向き合うとき、今まで委員会で子どもを見てきた「結果より過程を大切」

にした考え方や、「わずかな成長も評価していく」という見方が、子どもたちを見る目を楽にしてくれたように思います。

とくに、心病む生徒は、なかなか変化が見られません。遅々とした変化のなかで、ようやく当たり前のように生活できると、次は「ここまで」と、教師は次から次に要求してきます。そして、それができないとわがままに見え、扱いも厳しくなります。しかし、Cさんをみても、不登校だった一年半前を考えると、毎日が進化なのです。そして、そんなゆっくりとした歩みを、長いスパンでみることができる自分になっていました。

「待つ」ということ、「過程が大事」と思えること、言葉で言えても、実際はむずかしいことです。しかし、委員会での学びは現在、心の問題にぶつかった生徒とのかかわりにおいても役立っています。「委員会活動で子どもを育てたい」そんな願いが、いつしか、私に子どもを見る目を育ててくれたように思います。

委員会活動は、進めていくなかで、暗礁に乗り上げ、苦しいことも多々あります。しかし、「今年は何が始まるの?」という期待感もあります。そうしたどきどき感は、まさに「玉手箱」。何が出てくるか、どんな展開になるのか、子どもたちが動き始めたところからストーリーは始まります。そんな委員会活動の醍醐味を、これからも楽しんでいきたいものです。

第4章

思春期のむずかしい人間関係に文化祭の発表でエールを

——ストレスと心の健康、そしてAさんのこと【中学校】

1. 委員会活動を学校全体の変化につなげたい

本校は、海に近いところにあり、温暖な気候で自然に恵まれています。生徒は一〇〇名程度で、三校の小規模な小学校から入学してきます。最近では、部活動の多い他校区の中学校へ入学する児童も出てきて、生徒数の減少に拍車をかけています。本年度一、二年生は単級、三年生は二クラスの計四学級です。生徒は素直で純朴な生徒が多いのですが、全体的に覇気がなく、全校で行なう体育祭や合唱なども盛り上がりにかけます。自分を表現することによって成就感を味わう経験がないのかもしれないと感じています。

本校の委員会活動は、七つの委員会で構成されています。保健体育委員は、各クラス三～四人ずつで、委員長・副委員長以外の委員は学期制となっています。仕事内容は健康観察、ボールや液体せっけんの点検などの日常的な活動と、歯の衛生週間における作品募集や健康に関するポスターの作成、文化祭や集会活動での発表などの文化的な活動、体育祭の実行委員、一、二学期末に行なうクラスマッチの企画運営などを担当しています。定期の委員会活動は、月に一度、三〇分程度、活動目標や具体的な活動内容などを話し合う時間が設定され、その内容については、終礼などの集会で、各委員長が報告することになっています。また、委員会活動を活性化するために、学校全体の週目標を総括する担当委員会を決め、週目標の設定や広報活動を行ない、各学級の終わりの会でチェックをし、週の終わりに達成率を出し、翌週、集会でその報告をするような形式をとっています。各委員会の活動内容については、毎月、全校の生徒に自分の所属する委員会以外の活動についての気づきを提出してもらい、各委員会に配布するので、委員会活動のさい、その月の振り返りができるようになっています。

今年度、六月中旬の生徒総会において、保健体育委員が全生徒を対象に「すこやかチェック」を行ない、そのなかから見えた生徒の実態および問題点を発表しました。本校生徒は、テレビ、ビデオ、ゲームなどの時間を決めていない生徒が項目中いちばん高く、七〇％をこえています。その関連として、「寝る時間が遅い」「朝起きられない」「学校に行きたくないことがある」「勉強する意欲がわかない」「肩がこる」「目が疲れる」といった項目が高い数値で出ました。この結果から、保健体育委員会として、基本的生活習慣の定着を促すようなはたらきかけをしていくことを活動内容の一つにあげていましたが、生徒総会から一学期が終了するまでの期間が短く、養護教諭が保健だよりを通じて呼びかけをしただけにとどまり、委員会の生徒のほうから積極的に、本校生徒の実態を学校の問題として取り上げて活動をしていくことができませんでした。二学期は、文化祭で発表するための準備期間などを設定してもらっているので、保健体育委員自体がゆとりをもって準備をし、発表することによって、学級や学校全体にその内容が広がっていくようなものにしたいと思いました。

委員会活動を通して育てたい生徒の力は、生徒自身が責任をもって仕事を成しとげること、委員どうしの人間関係づくり、学校生活をよりよいものにしていくための意識をもって活動をし、学級や学校に広めていくこと、などです。

今回取り上げた文化祭の取り組み自体は、たった一日の、しかも展示とステージ発表が二五分程度あるだけの一過性のものでしかなく、それが学校全体に効果の出るものとは言いがたいものです。しかし、文化祭に向けて取り組むことによって、その準備段階から保健体育委員は、仲間との人間関係のなかで、一つの作品をつくり上げることで苦労を共にし、人間的に成長することが期待できます。テーマについて学習することで知識を深め、そのことで意識や行動が変わっていくことが期待できます。仕事を責任もって成しとげること、発表の練習をすることで自信がつくことなどの相乗効果を期待しています。結果も大切ですが、そのプロセスを踏むことが最も人間的には大切なことだと思っています。そして、保健体育委員会の生徒が成長していく姿を通して、ほかの生徒や教師の意識、ほかの委員会活動にも波及していき、学校全体の変容につながれば、大変喜ばしいことと思っています。

2. Aさんの問題からクラスの人間関係を考える

六月中旬、三年生のAさんが、仲のよい隣のクラスのBさんとの手紙の交換で、B子から来た手紙の内容に、「自分の心の状態が落ち込んでいるときにAさんと話をしたら、Aさんがぶりっ子に見えてしまう」と書いてあったことがきっかけで、自己否定感が強くなり、「自分がダメな人間に思える」といって来室してきました。二年生のときに膀胱炎を起こし、体調不良で来室が数度あったくらいで、来室がとくに多い生徒ではありませんでした。小学校六年生までは夜九時ごろ寝ていましたが、成績がよかったのでパソコンを買ってもらい、その画面上にイラストを描くため時間がかかり、夜遅くまで起きていることが多くなったと言っていました。この日は体調がわるく、母親に学校に迎えに来てもらいましたが、「寝るのが遅いから、先生からも早く寝るように言ってください」と言われました。

手紙の件のあとは、まじめな性格のため、ほとんどの授業に出ていました。もともと体育は得意ではありませんが、バレーボールでサーブを打ったら、相手のコートにはいらなかったので、そのことでみんなから何か思われるような気がするといって、体育の時間だけは保健室で過ごすようになりました。話をしていくなかで、インターネットを利用し、イラストを投稿したり、女性指向用のチャットのサイトにはいったりしていることがわかりました。「自分に自信がない、ダメな人間、将来が見えない、生きる気力がもてない、消えたほうがよい」という本人に対し、みんな強そうに見えるけれど、自信などもっていない、辛いことを経験して成長していっていることや、養護教諭自身、数々の失敗を繰り返しながら生きてきたことを話し、「弱い部分も含めた、ありのままの自分を受けとめようよ」とはげましました。また、「今の自分の状態を親にわかってもらっていたほうが、気が楽になるのでは?」と聞くと、「心配をかけたくないから言えない」と言っていました。

数度の来室のさい、制服の下にリストカットの跡を見つけました。カッターはイラストを描くためのカッターで、学級の雰囲気が嫌なので、休み時間にトイレにはいり、リストカットをしていた、傷をつけるとホッとすると言います。「自分を傷つけて本当にホッとできているの?」と聞くと、「そうではない」と言います。「傷をつけたことで、気持ちは楽になっても、その傷によって、また心が痛むことになるのでは? 私はあなたを守るために、からだに傷をつけなくても心が安定する方法を一緒に考えていきたい」など、話をしました。その日、本人のほうから、カッターを差し出し、持っていてほしいと言いました。「ほかの物で代用したら、同じことだと思うけど」と言うと、「ほかの物では、たぶん切らないから」と言いました。だれかに早く見つけてほしかったのかもしれないと感じました。「普段は気づかないかもしれないけど、自分のことをいちばん大切に思ってくれている人は親だと思うよ。自分の状態をわかってもらって、支えてもらったほうが、あなたも気が楽になるんじゃないの?」と、再度保護者に話すことを促しました。「お母さんに言ってもよいけど、言うときっと怒るからこわい。お父さんは仕事が忙しくて家庭での存在があまりない」と言います。また、「親にしかられたくないから、今までがんばっていたのかもしれない」とも話してくれました。

学級担任や生徒指導担当、スクールカウンセラーに、手紙の件以降、Aさんのことを伝えていました。スクールカウンセラーからは、「本人を説得したうえで、保護者に事実を告げ、受診を促してみたほうがよい。空想の世界にはいるのではなく、現実に引き戻すようにしてください」という助言を受けました。本人の了解を得て、母親に来校してもらいました。リストカットのことを告げると、「家でその気配を感じませんでした。小さいころから手がかからない子どもでした。パソコンを与えるのが早かったのかもしれません。父親は忙しいからかかわりが少ないし、告げにくい」と言われました。

Ａさんの状態については、手紙でのトラブルで来室した時点から、双方の学級担任に報告をしておきました。その後、体育の時間の来室が増えてからは、職員全員に授業中の様子に気を配ってほしいと伝えておきました。学級担任には、日記の内容に変化がないかを見てもらうことにしました。冒険マンガの「ワンピース」に出てくるルフィーのことをよく書いているというので、リストカットがわかってからは、空想の世界だけでなく、現実にも目を向けるような話題も投げかけてほしいと伝えておきました。

当時、Ａさんがいつもと違って元気がないことから、それまで同じクラスで部活、登下校が一緒のＣさんが様子を聞きにきたことがあります。「受験も控えているので、元気がないままでいたら、高校にいけなくなるのでは？」と心配をしてくれていました。Ｃさんには、「元気になるまで少し時間がかかるかもしれないけれど、支えてやってね」と、お願いをしました。以後、ＣさんがＡさんをとてもいい距離で支えてくれたので、Ａさんの状態も快方に向かっていきました。

Ａさんがリストカットをするきっかけとなったのは、「学級の男子が幼稚で言葉遣いもわるいので、学級の雰囲気自体が嫌になる」というものでした。三年生の男子は、小学校のときに学級崩壊をしていたせいか、リーダーが育っておらず、協同して何かを成しとげようとする雰囲気にかけます。友人の少ない生徒に対して、声をかけてやることもほとんどありません。気の向くことはしますが、気が向かなかったらしないという、全体の雰囲気を盛り下げてしまう生徒が多いのです。背の低い子に対して「チビ」という言葉を当たり前のように言ったり、自分にとって都合のわるい状況になると「死ね」という言葉が簡単に出てしまったりする生徒もいます。言われた生徒も、慣れているのか平気そうな顔をしていることが多いのです。同じ時期、ほかの女子からも、Aさんと同様の言葉を聞いていました。言葉遣いがわるいほうも、なんらかのストレスを抱えており、人に対してわるい言い方でしか自分を表現できないのではないだろうか、言われたほうは、その言葉自体が重く心に残り、傷となってしまうのではないだろうか、と考えました。

これらのことから、自分自身にストレスがかかったときの対処法や、人に対してストレスを与えない言葉の遣い方などについて考えられる機会をつくり、学校全体がもっと活力のある学校にならないものかと考えていました。

3. 委員会でも「心の病気」が話題に

その年の保健体育委員長、副委員長は、双子の姉妹で、前年度も保健体育委員として文化祭を経験していました。前年度は、「栄養のヒミツ」というテーマで、生活習慣病や中学生時期に必要な栄養についてのステージ発表や掲示物の作成を行ないました。委員への指導者として、栄養士や食生活改善推進委員を招きました。栄養士には、あらかじめ栄養に関する質問を出しておき、それについて答えてもらいました。食生活改善推進委員には、中学生にできる朝食づくりを教えてもらい、一緒につくりました。彼女たちは、生活習慣について調べ、大判用紙に上手にまとめていたし、ステージ発表もこなしています。その経験で自信をつけたので、二人ともが新しい保健体育委員長に立候補をしたのです。前年度の委員長や副委員長のはたらきを見ていた経験があるので、自分たちが委員のメンバーを引っぱっていかなければならないという意識はつねにもっていました。一学期のはじめから、文化祭のテーマ選びを頭に入れた生活をするようになっていました。夏休み明けには、二人一緒に、文化祭のテーマを「心の病気」にしたいと言ってきました。理由は、病院に置いてあった本に、心の病気の人が増えているということが書いてあったので、心の病気にはどういうものがあるかを調べたいというのです。

二人だけの意見でテーマを決定するわけにもいかないので、テーマをどのように決定するか話し合いました。前年度のテーマは、三年生が中心になって決定し、栄養について知りたいことを全生徒を対象に調査をしたのでした。今年は、保健体育委員全員で決めたテーマのほうが、発表した内容も各学級へ波及していく効果があがるかもしれないよと、彼女たちに提案をしたら、二人ともそのほうがいいと思うというので、保健体育委員全員にアンケートをとり、それからテーマを絞っていこうということになりました。

二学期にはいってすぐに各種委員会に属する委員は決まりますが、実際の活動は体育祭後からです。体育祭後、すぐに文化祭のテーマを決めることができるように、昼休みに新メンバーを集め、テーマを考えておくように指示を出させました。この年の保健体育委員は、全部で一一名です。三年生は委員長、副委員長が女子で、作業はやりますが、下の学年の面倒をみることができないかもしれません。三年生の男子の二人は、日ごろの様子から、コツコツと仕事に取り組むタイプではないけれど、発表することに抵抗はないような気がします。二年生も男子二人に女子二人。女子の二人は同じバレー部に所属しています。前年は仲がよかったのですが、この年は一緒にいる機会が少なくなっています。人間関係でもめるかもしれません。男子二人は、ハキハキとしゃべることができるので、発表は心配なさそうですが、野球部の練習を優先して、準備を嫌がるかなという心配もありました。一年生は女子一人に男子二人。女子は発表はできそうですが、男子二人は日ごろ出す声も小さく、自分に自信がなさそうです。もっとハキハキしゃべれるようにしなければと思いました。メンバーをざっとみて、うまくやっていけるだろうかと少し不安に思いました。しかし、一人ひとり、まだ開発されていない力があるはずで、継続的に支援をすれば仕事もきちんとこなし、発表もできるようになるはずです。そのことが自信につながって、これから先の人生に役立つようになると、いつもの前向きな考え方をすることにしました。全員に対し、文化祭の準備を通して、みんなにつけてもらいたい力について話しました。

その内容は、

①文化祭では、テーマの内容を生徒に理解してもらい広めることも大事だが、保護者や地域の方に自分の成長ぶりを見せるよい機会にしてほしい。

②準備の段階から積極的に仕事に取り組み、委員全員が発表する内容を理解したうえで、文化祭当日を迎えてほしい。

③発表までの準備物の作成は、委員一人ひとりに得意、不得意があるが、委員全員がかかわり、助け合いながらつくり上げていってほしい。

などです。

文化祭で、委員会活動として展示やステージ発表をするのは保健体育委員会だけです。文化祭前の特別時程から準備を始めたのでは、各学級の準備やそれぞれの役割での活動がはいってくるため、時間の確保がむずかしくなります。そのため、昼休みを利用して早めに活動をすることを十分納得させておく必要があります。それをしないと、準備していたことが完成せず、中途半端なかたちで終わってしまうからです。子どもたちは、完成までにどのくらい時間がかかるのか計算して動くことができにくいので、見通しを立てさせるのも重要になってきます。

◆文化祭へ向けた子どもたちのアイデア

体育祭後の最初の委員会で、一人ひとりテーマについての考えを発表させます。三年生男子はガン、応急処置、二年生男子は応急処置、一年生男子はタバコ、糖分、女子は、三年生女子が心の病気で、二年生、一年生がストレスについてでした。女子は、部活の顧問や先輩、後輩の関係などで、自分自身がストレスを感じているからです。男子は、自分にあまりストレスがないし、今の時点では、けがへの対応のほうが役に立つという意見が主でした。意見が拮抗して決まらず、男子生徒が「先生の意見を聞かせてほしい」と言うので、「現在、自殺者は毎年三万人をこえている。交通事故での死者は一万人を切る」という話をしました。Aさんたちに対する思いが頭にあったのもたしかで、自殺をしないでまも、ストレスを抱えている人はその何倍もいて、病気になっている人も多いという話をしました。その話をしたことで、男子がストレスについて取り組んでもよいのではと言い始め、テーマとして取り上げることが決定しました。

発表するさいの題については、ストレスについて学習していくなかで決めていこうということになりました。テーマ設定後、発表に向けて自分たちに何ができるのかを話し合わせました。前年度の保健体育委員会の発表を見ているので、掲示物の作成とパワーポイントによる発表は生徒の頭にすぐ浮かんできました。その後、「自分たちもストレスを感じているので、ほかの生徒も抱えているはず。今の生徒の状態をみんなに聞いてみよう」と二年生から声があがりました。前年の発表後の委員の反省で、委員からの一方的な説明で話が展開されると、聞いている側の心に響かないという意見があったのと、ストレスはコミュニケーションのなかから生じてくることも多いので、ステージ上で演技をしたら、よりわかりやすいのではないかと切り出してみました。前に出て劇として表現することが嫌な生徒ばかりかと思っていましたが、「僕たちでやってみる」「シナリオも自分たちでつくってみる」と二年生が言い出したので、驚きでした。また、本校にはスクールカウンセラーがついていることから、その先生から学べることはないだろうかという意見も出てきました。ひととおり仕事の内容が見えたことから、担当と文化祭までの流れを委員長、副委員長が中心となって決めていきました。

①心のアンケートの実施。項目は本などから選び、終わりの学活の時間を使って実施。個人データなので、集計は養護教諭がするが、割合を求めるのは全員であたる。

②ストレスやその対処についてのまとめは、三年生。

③グラフや掲示物は全員であたる。

④劇は二年生が担当。

⑤スクールカウンセラーにストレスの対処法を全員が聞く。

ストレスについての本は、以前から書店や図書目録、インターネットを通じて集めていたものがあったのと、図書室にある図書も以前からチェックをしておいたので、すぐに参考資料は揃いました。養護教諭自身がストレスについての知識をもち、対処についての方法やリラクセーションの方法などの学習をしておかないと、生徒から質問があったときに困ると思い、まず勉強をしておきました。また、スクールカウンセラーの先生にどの程度かかわってもらえるのかも聞いておきました。養護教諭が、文化祭の流れをある程度、心のなかで設定しておくと、生徒が方向性に悩んだときにアドバイスができるので、この点は重要だと感じています。

◆「心の健康アンケート」で見えてきた自信のなさ

本校生徒の心の状態を知るためにアンケートを実施することになりましたが、アンケートの項目を決める参考資料に数冊の本を用意しました。内容に関しては、二年生のD子が、ある程度、自分でアンケートの項目をパソコンで打ってきたいというので、本を数冊貸し出しました。そのさい、自分でストレスのイラストを描いてきたので、パワーポイントの最初の絵として採用しました。また、文化祭用のファイルも自分で用意をしていて、表紙に「保健体育委員会ｗｉｔｈさくら」（「さくら」は私の名前）と書いていました。翌日、エゴグラムなど、数種類のアンケートを打ちこんだフロッピーを持ってくるなど、積極的にかかわってくれていました。しかし、同じ役割を分担しているもう一人の女子と協力するのではなく、自分のペースで進めるので、人間関係はうまくいっていないことが見えてきました。

各学年から責任者を一名出し、そのメンバーでアンケート項目を考えました。チェック項目を「抑うつ状態」「不安傾向」「自己イメージ」「支援をしてくれる人」「問題解決能力」の五つのパターンについてと、「自分の悩み」「人から言われて嫌な言葉（家族、友だち）」「ストレスの解消法」について調べることにしました。

アンケートの内容は、プライバシーに関するものなので、学級担任の指導で実施してもらうことにし、集計は養護教諭が行ないました。記名式のアンケートなので、一人ひとりの状態がよくわかります。その子の姿を思い浮かべては、「今はこんな状態なのか」「家では、こんなふうに言われているのか」などと思い描きながら、チェックをしていきました。保健室から出す調査用紙はすべて記名式にし、生徒一人ひとりの状態を継続的に見たり、本人自身が振り返りができたりするようなかたちにしています。一人ひとりの回答は、書かれた状態のままや集計したものを、必ず職員全員、もちろんスクールカウンセラーにも回覧するようにしています。目立つ生徒については、その子の状態がわかっていると思いがちですが、内面はやはり表面上とは違うことが見えてきたり、日ごろおとなしい生徒の内面もよく見えてきたりします。回覧した職員も、一人ひとり念入りにチェックを入れる姿が見られ、教育相談に利用されるようにもなっています。

このアンケートでは、三年生男子で、自分から人とかかわることをせず、ほかの生徒からも声をかけられることもない、保健室にもほとんど来室することがない生徒が、家の人からは、「家の子じゃない。出て行け」と言われているのがわかりました。そのことがわかってからは、廊下で出会うと、必ず、養護教諭のほうから声をかけることにし、卒業までかかしませんでした。卒業直前に、その生徒が「会うと、あいさつをしてくださったこと、心やからだの気配りをしてくださって、ありがとうございます」と書いた手紙をくれました。アンケート一つとっても、生徒とのかかわりを変えてくれる、生きたデータになっていくことがよくわかりました。

アンケートから、全体の傾向として、本校の生徒がいちばん気にしていることは、勉強が四五％、部活が一三％、友だち関係が一二％という結果でした。「自分はダメな人間だと思うときがあるか」という質問項目では、「思わない」という生徒が男女ともに少なく、「自分にはよいところがたくさんあると思うか」という項目では、「思わない」が男女ともに多かったのです。「会うと心が落ち着き、安心できる人がいますか」という項目では、「いない」と答えた生徒が男子に多かったのです。自己肯定感が低く、心の支えを感じられない生徒がいることは確かなことから、やはり、文化祭などを通して、生徒たちはもちろん、保護者などにも訴える機会をつくることだけでも効果があるのではないかと思えました。

◆E君をめぐって

十月の第二週から作業開始。アンケートの集計後、学年別の割合を出すことになりました。三年生でも割合の出し方がわからない生徒がいるので、一年生ならなおさらです。いろいろな場所でグラフが使われていることは多いので、感覚として理解できているのかもしれませんが、求め方の意味がわかるように教えていない授業の影響なのでしょうか。意味と求め方について説明しておきました。その後、協力して学年の割合を出していました。

グラフをつくるために、空き教室に大判用紙と、アクリル絵の具を用意し、空き時間にいつでも行って作業ができるようにしました。アクリル絵の具は、きれいに仕上がるからと、美術の先生が用意をしてくれました。グラフは個人別に担当を決め、責任をもって成しとげるように委員長から指示が出ています。

大判用紙に棒グラフを書くさい、マス目のついた用紙を用意しているにもかかわらず、%の目盛りがとれない生徒もいるので、わからない子に教える生徒も出てきました。色塗りも、わくからはみ出しても気にならない生徒や線をフリーハンドで引く生徒もいて、一人ひとりの作業能力や性格がよくわかる作業風景でした。

他人から言ってほしくない言葉を書き出している最中に委員が寄っていっては、「自分も言っている」とか、「この言葉は傷つくじゃろう」とか、「褒め言葉なのに、なぜ嫌なんかね」などと、話をしていました。文化祭が近づいたころ、生徒へのアンケート項目には入れませんでしたが、委員長、副委員長が本で調べていくなかで、「ストレスの発散型と内向型をチェックできるページがあったから、それを紹介したい」と言い出し、大判用紙に書くことを提案し、書き出ししました。

ストレスについて調べるのは三年生。参考図書を保健室の机上に置いておき、いつでも調べられるようにしていました。本を読み、読んでは用紙にまとめ、それをファイルに保存をし、そのつど、パワーポイントにつくりあげていくかたちをとりました。調べていくなかで、ストレスの意味や、ストレスにはよいストレスやわるいストレスがあること、ストレスからくる身体症状や病気のこと、対処の仕方にもいろいろあることがわかったようです。そのつど、「なるほど……」とか「知らなかった……」とかつぶやきながらまとめていました。いろいろと調べていくなかで、ストレスは排除するものではなく、受け入れ対応していくことが必要になってくることから、「ストレスと上手に付き合おう」という題で発表していこうということを決めました。

三年生男子のE君は、つねに眉を細くし続け、自分の好きなことには熱中し、それ以外には力を入れません。注意を受けてもその場の返事だけで、一向に態度の変容が見られません。学級の雰囲気を盛り下げる人材で、担任も手を焼き、生徒指導主任もかかわりたくないと言っています。なんとなく保健室に来るのが好きで、お腹の調子がわるくても病院に連れていってくれない母親のこと、両親ともに、自分に文句を言うときだけかかわってくるので、「ウザイ」と言います。気がつけば爪を長く伸ばしているので、何度も目の前で爪を切らせたことがあります。爪を切りながら、「歌手のＧａｃｋｔ（ガクト）が好き」「マニキュアをつけたい」「いざとなったらなんでもできる」「今さえ楽しければよい」とかいうので、そのつど、「世の中を渡っていけなくなるよ」などと諭していました。そして、二学期、自分から希望をし、保健体育委員会にはいってきました。その彼は、夏休みに他校の一年生と付き合いを始め、二学期には、学習にも身がはいらなくなっていきました。

委員が仕事をしている場所には出向きますが、女子のそばに寄っていっては仕事の邪魔をするので、委員長、副委員長もうんざりしていました。「指示がうまくできていないのでは？」と言うと、「指示を出してもやってくれない」「小学校のときから、あんな性格だから変わらない」「だいたい、あの母さんの子だから、指導は無理」と、あきらめていました。そんななか、養護教諭の留守中、アクリル絵の具を遊び半分に副委員長の背中につける事件を起こしました。相手方の家に保護者同伴で謝りに行き、制服のクリーニング代も弁償しました。小学校のころにも同じようなことを同じ相手にしたことがあるそうです。人の家に謝りに行っても、そのことを気にするタイプではなく、相変わらず、人の仕事の邪魔ばかりしています。これでは、担任や生徒指導が手を焼くのは当たり前です。このままでは、Ｅ君の存在がほかの生徒にとってストレスになることは間違いなく、Ｅ君自身も成長しないので、再度、文化祭に向けての取り組み方の確認をさせました。Ｅ君は、自分自身のことを「同じ失敗をしても繰り返すので、学習能力がない」と評価をしていますが、文化祭で、どういう姿をみんなに見せたいかと聞くと、「きちんと発表はしたい」と言います。発表のためには準備が必要だということはわかっているようです。一応、パワーポイントを確実に仕上げると約束をしたので、みんなと一緒にグラフをつくることはせず、パワーポイントづくりに専念させました。しかし、一人になるのは寂しいらしく、作業の場所にいっては邪魔をすることが多かったのです。だいたいの生徒が、怒るのではなく、仕方ないとあきらめている様子です。養護教諭としてはあせりを感じましたが、やりとおさせることも大切なことと思い、忍耐の時間だけが過ぎていきました。その後も、遊び半分で仕事をする場面がありましたが、かたちとしては、一応つくり上げることができました。

この生徒は、本人の希望とは違うテーマになったから作業をする気がないのではなく、自分が希望したテーマに取り組むようになっても遊んでいるだろうと思えます。このように、自分が遊んでいても人がやってくれるから事がすんでいることに違和感をもたない生徒がいた場合の対応の仕方を学びたいと、強く思います。本人自身が抱えている問題もあるのかもしれませんが、そのことを重んじ、何もしないことを許容していたら、本人の力も育たないし、集団で何かをつくり上げようとする場合、全体の力が低くなるのは確かだからです。

◆何か様子が変だ！

ストレスコーピング（ストレスの対処法）の方法として、他人とのコミュニケーションを円滑に進めるためのアサーショントレーニングの方法があることから、その小劇をステージ上で二年生が行なうことになりました。そのため、アサーションについての資料を用意して学習会を行ないました。

アサーションには、人から言われたことを、そのまま受け入れるノンアサーティブタイプと、攻撃するアグレッシブタイプと、まず相手の話を聞き、次に自分の立場を明確にして、そしてお互いが納得できる案を探り出すというアサーティブの三つがあり、アサーティブ行動の考え方は、対人関係におけるストレスを軽減するのに効果があるといわれています。人間関係において、人の話を最後まで聞かずに、自分の自己主張ばかりする姿がよく見受けられるので、ぜひ、うまく表現してみんながその方法を考えられる機会にしてほしいものです。

三つのパターンについて学習しましたが、生徒の口から出た言葉は、学校の職員がどのパターンに属しているかで、職員間では見せていない顔を、客観的に見ている生徒の姿がわかりました。また、F君とG君は、「部活で試合に出してもらっているので、授業中、教師が寝ていても容認してしまう」ということや、「授業はきちんとしているのに、対人関係の苦手な教師に対しては、人間性まで否定してしまう」というような矛盾した考えをもっていることがわかりました。生徒のことについては、「あいつに言っても変わらないからダメいね」という、子どもの側から見た生徒の姿もうかがい知ることができました。日ごろ、三年生の来室者が多く、二年生とゆっくり話す時間がなかったので、あらためて会話をすることの大切さを感じました。

三つのパターンを劇化するために、日ごろ自分たちの身のまわりに起こっていることを題材に使うことにし、言葉も、地元の言葉にしようという意見が出ました。案は二年生の四人が考えることになりました。仕上がりまでに、一週間以上かかり、間に合うのだろうかと気をもみましたが、なんとかできあがりました。

劇は二つあり、一つ目は、放課後の掃除当番。一人はレギュラー、もう一人は補欠。レギュラーは試合が近いから、補欠に対し掃除当番を言いつけます。補欠の側の言い方をA、B、Cのパターンで紹介します。もう一つは、一緒に遊ぶ約束をした相手が約束の場所に来なかったことから、無視することをほかの生徒に伝えました。無視されたほうが文句を言い、それに対する言い方を、やはり三つのパターンで紹介します。

練習は休み時間や放課後を使い、保健体育委員全員が集まったときには、みんなの前で披露をし、声の大きさや表現の仕方などのチェックをしていきました。

二年生が四人揃って話をしているときには感じませんでしたが、劇ではHさんとDさんの絡みがあり、そのときの素振りで、HさんのほうがDさんのことを嫌がっている様子がうかがえました。文化祭が終了するまで表立ってもめることはありませんでしたが、文化祭後、Dさんが、成績があがったことで携帯を買ってもらい、そのことを自慢したことがきっかけになり、ほかの女子から浮いてしまっていることがわかりました。Hさんは、素直な性格ですが、人に流されるタイプなのでDさん以外の女子の流れに沿って動いているようでした。Dさんは自分が浮いた存在になっていることに気づいてはいませんでしたが、自分と気の合う女子がいないことから、文化祭後、胃痛、腹痛で保健室に来ることが多くなりました。Dさん自身、ストレスとうまく付き合うテーマで学習をし、「気の合う生徒がいなくても仕方がない」と口にはしますが、その時点ではうまく乗りこえられないでいることをからだが証明していました。Dさんは、保健室に来る機会が多いのですが、人間関係による体調不良ではなく、気の合う生徒がいないことを少なからず受け入れたことと、心を割って話す相手がいないため、養護教諭に自分のことを話しに来ているようです。

◆スクールカウンセラーとの研修、発表の練習

スクールカウンセラーには、リラクセーションの方法を教えてもらいました。

音楽室を借り、基本的な生活習慣の大切さや姿勢をよくすることで、血液の循環がよくなり、脳に酸素も行き渡るので、頭がすっきりすることなど教えてもらいました。その後、椅子に座った状態で、筋肉弛緩の方法を教わりました。生徒たちは、筋肉を縮めたりゆるめたりしたときの自分のからだの変化に気づくことがむずかしかったようでした。

研修後の感想では、「目を閉じて力を抜いていると、からだが楽になって眠たくなったけれど、これがリラクセーションなのでしょうか。それと、からだの一部を感じるというのは、少しむずかしかった」「心がゆったりと楽になった。からだの疲れがとれた」「効果があるかどうか続けないとわからないけど、静かなところにいると、気持ちが休まった気がした」などがありました。

パワーポイントの内容と、アサーショントレーニングの劇の見通しが立ちました。内容は、ストレス、ストレッサーの意味、ストレス反応、ストレスと病気の関係、コーピングの仕方です。コーピングの仕方は、①ストレッサーを弱くする、②評価を変える、③気分を鎮める、④自己肯定をする、です見通しが立った時点で、委員全員が集まり、ひととおり発表しながら、流れをチェックしました。

そのさい、内容が理解できたかどうかを知るためにチェック用紙をつくり、一人ずつチェックをさせ

たり、自分に取り入れたらよいと思うコーピングの仕方なども書かせたりしました。内容については、もっと意見を練り合わせたかったのですが、そこまでの時間も人間関係もできておらず、すぐに練習にはいらなければならなかったことは、とても残念です。

個人別や、グループ別に練習をしましたが、「お腹から声を出していない」「口を大きく開けていない」「歯が動かない」「あごが下に向いているので、言葉が前に出ない」ということで、当然、「声が小さい」という状態でした。自信がないから声も出ないことを指摘し、自分をきちんと表現するためにも、声を出す必要性を教えました。

委員長、副委員長を分け、異学年どうしのグループをつくって発表の練習をさせ、関係づくりを図りながら、人の発表にも目を向けさせ、自分自身の振り返りもさせるようにしました。

この時点で、文化祭に向けての心構えを全員から集めておきました。委員長は「人が聞きやすいようにはっきりと大きな声で発表する。言葉が速くなりすぎないように気をつける。それと、聞いている人がわかりやすいように発表する」。副委員長は「自分の発表では、大きな声を出し、見ている人全員がストレスについて勉強になったと思ってくれるような発表にしたいです」。E君は「本番まであと少しと迫ってきましたが、残りの時間を一生懸命に取り組み、本番を納得のいく発表にできるようにがんばります」。劇をするF君は「劇をするので、恥ずかしがらずにやろうと思う。発表では、声をハキハキとするようにがんばりたいと思う」。

◆大成功の本番

展示物の準備は前日に行ない、掲示物の「心の健康アンケート」の結果と「他人から言ってほしくない言葉」などは、体育館の出入り口近くに場所をとり、掲示をしました。貼り出しを始めた時点から、会場にいた生徒がグラフや表を見に来ていました。とくに「他人から言ってほしくない言葉」は常時だれかが読んでいました。性格チェックは、ポイントを書く用紙を置いていたので早速、紙をとってチェックをし始めていた生徒もいました。

文化祭当日、朝から保護者や地域の方たちも展示物に見入っている姿を目にすることができました。委員会の発表では、とくに二年生の劇のとき、会場から笑いが起こり、アサーションの三つのパターンを紹介しているさいに、自分はこのパターンだという声が上がっていました。カウンセラーの先生から、椅子に深く座ったほうが血液の流れがよくなると言われたと発表した、そのとき、会場の人たちが一斉に姿勢をなおした音がしたのには、驚きました。

終了後、学校長やほかの先生から、「とてもよかったよ」とか「二年生の劇はとくによかったよ」「会場の人もうなずきながら聞いていたよ」「人との対等な話し方ができない人がいるから、とっても役に立ったね」と、言われました。展示の片付けのさい、保護者が寄ってきて、「保健体育委員会の発表がいちばん印象に残りましたよ」と声をかけてくれました。

◆発表を終えて

発表後、保健体育委員の生徒から出た振り返りシートには、委員長は「文化祭の準備のとき、はじめはあせる気持ちはなく遊んでいたときが多かったけど、だんだんあせってきて本番が近くなったときには、まじめに取り組むことができるようになったと思います。本番は、今までやったリハーサルとかよりも集中できたし、なぜかあまり緊張しなかったので、少し失敗もあったけど、堂々と発表することができたと思います。それに発表が成功してとてもうれしかったです。掲示物もほとんどの人が見てくれていたようなのでよかったと思いました」。副委員長は「準備のとき、まだ間に合うかと思って、人と話したりしていたことがあったけど、もう少し責任をもってやればよかったと思います。本番前のリハーサルで失敗をしたので、本番ではちゃんと成功するか少し不安だったけど、劇でも笑いが取れたし、あまり目立つ失敗をしなかったので、とても安心しました。この委員会の取り組みで私は少し成長したと思います」。劇をしたF君は「文化祭の準備で、文化祭が近づくほど、真剣に取り組むことができました。はじめは台詞を言ったり、人前でやるのが嫌だったけれど、恥ずかしさを踏みこえて思いきって劇をすることができたのでよかったと思います。人前で劇を思いきってやったのが、自信につながり、今回の成長だったと思います」。

委員会の発表を聞いていた生徒から出してもらったアンケートでは、「ストレスについていろんなことがわかる発表でした。ステージの上に上がって表現したことで、人との関係とかのことがよくわかりました。展示は、いろんなことのアンケートが、パーセントでまとめてあったのでよかった」「ステージ発表で、ストレスについてよくわかった。ストレスをためにくくする方法もあったし、これからはその例のようなことをやっていきたいと思う。かなりくわしくできていたと思った」「アンケートがとてもくわしく調べてあってよかった。発表のときも声がしっかり出ていた。ストレスにもいろいろな種類があって、わかりやすい発表でとてもよかった」「人に言われたら嫌な言葉がいろいろあることがわかってよかった」「短時間で、よくあれだけの展示物を作成して、内容も充実したものだったので、すごいなと思った」などがありました。

来年度の文化祭で取り上げてほしい内容として、「自分たちの身のまわりにある病気」「エイズ」「生活習慣病」「食生活」「障害をもった子どもたち」「タバコやシンナーなどの薬物関係」「いじめ」「思春期」「会話の仕方」「なぜ太るのか」「姿勢」「充実した学校生活」「次もストレスで」など要望がたくさん書かれていました。また、劇を取り入れるとわかりやすいなどもあがっていました。

文化祭後、保健室に、今回のストレスについての発表は、「今まででいちばんよかった」と、話しに来たり、保健室での会話のなかで、「嫌なストレスがきたときには、すべて受け入れなくても、逃げたほうがよいときもあるんだよね」と対処法を言いにきたりする生徒もいて、生活のなかに役立てることができる内容を取り上げることが大切なことだと思いました。

4. 文化祭以後の活動

◆保健だよりの利用でもっと広める

文化祭に来られなかった保護者や、裏方の仕事をしていて発表を見ることができなかった生徒のために、発表の内容を保健だよりにまとめて出しました。ストレスの対応について、継続的に掲載もしました。水谷修さんの講演内容（後述193ページ）も骨子をまとめて出しました。保健だよりは、単なる知識を与えるものではなく、心に響くものを掲載したいと思い、日ごろから新聞や本を読み、自分が感動した内容で、生徒に伝えたいものを取り上げています。作成した保健だよりは、配布する前に、職員朝礼で生徒に伝えてもらいたい内容を話します。担任は生徒と一緒に読み、自分なりの言葉を付け加えてくれるようにしています。担任が短時間に指導しやすいように、また生徒も読みやすいようにＡ４判にして作成しています。学級で担任に読んでもらった生徒が、保健室に立ち寄り、保健だよりの感想を話して帰ってくれることもあり、そのことで生徒に自分の思いを伝えることができたりしています。生徒から「自分たちのことを思ってつくってくれているんじゃね」と言われたことがあったり、担任から「保健だよりに心を育ててもらっている」とか、「先生がつくったものは、自分がつくったものより、生徒の受け入れがよい」という話を聞いたりしています。

◆その後の保健体育委員

文化祭の劇で自信をつけた二年生のF君は、三学期から新年度の保健体育委員長に立候補しました。副委員長となったI君は初めて保健委員にはいったのですが、文化祭後のアンケートに「保健体育委員は、放課後などを使って展示物などをつくっていたので、すごいと思いました」と書いていたので、忙しいのは覚悟してはいってくれています。最初の委員会で、事前に段取りをつけることを忘れ、心の準備なしに委員会を行ないました。そのため会の流れがうまくいかなかったことを、「失敗した」と反省していました。「失敗したと思う気持ちがあなたを成長させるし、次に同じ失敗を繰り返さなければよいと思うよ」と伝えておきました。

その後、委員長たちは、全校集会で、風邪の予防についての発表を二年生の保健体育委員が行なうことを決めました。内容は、インフルエンザと風邪の違いや、風邪予防にきくお茶でのうがいやツボの紹介などを四人が分担し、プリントしたものを全校生徒に配布して、その説明をするというものです。委員長は、発表の練習をする機会を設定して練習をしたし、本番でもみんなうまく発表をすることができました。三月に行なわれた学校保健委員会でも、本校生徒の「すこやかチェック」の前年五月と二月の比較を委員長が発表し、新メンバーの一人ひとりが自分たちの生活を振り返り、今後の生活の向上についての考察を述べました。今回の委員長、副委員長ともに、今の学級の様子や学校の雰囲気について自分たちのほうから話をしてくれるので、自治活動をしていくために、とても力を発揮できる人材がはいってくれた気がしています。自分の力を高めようとする気持ちは強い二人なので、文化祭や集会活動など、もっと前面に出る機会を増やしてやり、もっと生徒自身の手で学校を活発化させていきたいと思います

◆保健体育委員会作成の「ことば」の掲示を人権参観授業で使用

アンケート結果は教師全員に結果を知らせていましたが、委員がつくった「言ってほしくない言葉」の掲示を授業で使いたいという発言がAさんの担任からありました。そのひと言がほかの教師にも伝わり、人権教育の参観日（十一月二十二日）に全クラスで使用することに決まりました。人権の授業は、最初から予定されていて、それぞれ担任が授業内容を考えていましたが、授業の最後に人が言われて嫌な言葉を確認することで、人に勇気や活力を与える言葉は何かをあげさせることになりました。掲示は、保護者の昇降口にも貼り、文化祭に来られなかった方にも見てもらう機会をつくりました。

Aさんのクラスでは、身のまわりの人権問題として、人権擁護施策推進法に取り上げられている問題（女性、子ども、高齢者、障害者、感染症、ハンセン病など）の内容をおさえ、差別と偏見の違いと、人権問題の解決のために何ができるかをグループ別に話し合い、発表させました。人権問題について知識として知っていても、心から理解し、行動に移せることが大切だということをおさえ、最後に身近な実践として、「言ってほしくない言葉」を紹介し、言われてうれしい言葉をあげさせました。参観に来た保護者にも、自分が言われてうれしい言葉はどんな言葉ですかという問いかけをしてもら

い、人権を守るためにもぜひ気をつけてほしいという締めくくりをしてもらいました。

5. Ａさんはどのように成長していくのか

◆一学期からリストカットはなくなった

Ａさんのリストカットは、一学期末からはなくなりました。夏休みには、携帯のメールと家庭訪問でかかわりました。夏休み中に一度、スクールカウンセラーの勤務先の女医さんに診察をしてもらいましたが、二度目の受診は決めなかったといいます。決めなかった理由は、「二学期、学校に行かないと自分がどのような状態になるかわからない」からで、「女医さんはやさしかったけど、すべてを話したわけではない」と言っていました。その後の受診はありません。

二学期最初の健康調査に、今後の生活に向けては「早く生活リズムをなおしていきたい。夏休みで気力が戻ってきました。いつまた沈むかわからないですが、がんばろうと思います」と書いていました。二学期の体育祭は、練習には参加しないで、体育祭の看板書きをしていました。一緒に作業をしながら話をしていくなかで、「生きる気力が少し出てきた」とも言い始めました。

体育祭は競技には出ず、放送係としてアナウンスをしていました。体育祭後の体育には参加し、「サーブがはいったので、うれしかった」と、報告に来ました。

バンプオブチキンというグループの話を何度も口にし、Cさんと一緒にCDを保健室に持ってきて聞かせてくれたり、コンサートのビデオを貸してくれたりもしました。CDのジャケットを見ると、ボーカルの前髪が長いのをAさんがまねしているのがわかりました。

九月下旬の心の健康アンケートでは、人から言ってほしくない言葉の欄に、母親の「ため息」「疲れる（自分のことで）」友だちからの「死ね」「ウザイ」という言葉を書いていました。母親は、Aさんのことを受け入れることができないのだろうかと思いましたが、Aさん自身は、調子が上がってきているように見受けられたので、Aさんの状態を下げないようにしていくことが大切だと思い、そちらに力点をおくことにしました。

◆Aさんが文化祭実行委員に

文化祭の準備が始まり、Aさんも、トラブルのもとになったBさんもCさんも文化祭実行委員として活動することになり、必然的に三人とも一緒にいる時間が増えました。また、Aさんは当日の放送係、学年の合唱ではアカペラ担当、三年生の劇では衣装係として活躍する場面が多くなりました。学校に残って準備をすることが多くなり、次第にBさんとAさんは話ができるようになっていきました。Aさんは、「話さないでいることに意味を感じなくなった」と報告に来ました。「安心したよ。私はいつも見守っているからね」と伝えておきました。

◆保健体育委員会発表がAさんの心に響いて

文化祭での委員会の発表後の感想では、「自分自身にとても近い内容だったので、興味深かったです。わかりやすく説明してあって、理解しやすかったです」と書いており、Cさんは、「ストレスは、今の時代を生きる多くの人々の悩みだと思うので、今回やって救われた人もいるのでは、と思います」などと、書いていました。

◆水谷修さんの講演を一緒に聴きにいく

以前、水谷修さんの著書を、保健室に来ていたAさんに紹介し、本を貸したことがあります。リストカットのことが書いてあったからです。三年前、全養サの神奈川大会の自主講座で、何気なく薬物乱用防止のための会場に行き、衝撃を受けたのが水谷修さんの講演だったのです。薬物依存に陥った少年を家に連れて帰り、愛情で治そうと思ったのに、病院に行きたいと言い出した少年に対し冷たい態度をとってしまったこと。その少年が幻覚症状を起こし、トラックに向かって走って行き、亡くなったこと。のちに、医師から薬物依存は愛情では治せないといわれ愕然としたことや、遊び感覚で暴走族の集会に行き、乱暴をされ、それがきっかけで、薬物の世界にはまり、HIVにも感染した女の子が、病床で自分の過ちをみんなに伝えてほしいと言ったことなど、本の世界での話なのかと思うようなことが現実として、水谷さんの前で起こっているのです。水谷さんはそういう子に対して夜回りをして、きちんと向き合って対応している人です。そのうえ、ご本人が病気を抱えて、あと数カ月のいのちだという宣告を受けているということを、目の当たりにしたのです。そのことをAさんとの会話のなかで話をしたことがあり、Aさんも「すごい先生がいるんだね」と関心をもっていたのです。

その水谷さんが、十一月下旬にS市で講演するという情報が友人の養護教諭からはいったので、Aさんを連れていき、ぜひ、生で水谷さんの姿を見せたいと思いました。そのことを伝えると、Cさんを誘いたいと言いました。もう一人、水谷さんの本を貸し、読書感想文に書いたJさんにも声をかけました。三人の保護者とも、テスト期間中にもかかわらず了解してくれ、電車で往復六時間かけて講演を聴きにいきました。そのときのことをAさんは日記に、「水谷先生はすべてにおいて力強く語っておられました。過ちも、体験した痛みも、出会いも別れも。だからこそ、私たちにダイレクトに伝わってきます。……夢をもって生まれた子の、生きようとした子の姿。神様は時に残酷で、たくさんの人の、ここに生きる人々のいのちを指の先だけで操ってしまいます。……何も飾らず、キレイな言葉も使わず、ありのままを私たちに伝えてくださいました。世界中の大人たちに、子どもたちに届いてほしいと心から願った講演でした」と書いていました。

その後は、体調もよく、人間関係のことで保健室に来ることもなくなりました。廊下ですれ違うと、「ゆっくり話す暇がないですね」と声をかけてくれますが、以前のような暗い表情はなくなっています。

◆性教育で「愛」と「知識」の大切さを受けとめる

性教育学習においても、Aさんは、事後の感想で「今回の性教育学習は何よりわかりやすくて、取り組みやすい授業でした。性教育というと、かたく感じてしまいがちなのですが、全くそのようなことはなくて、だからこそはいりこみやすくてわかりやすかったです。私たちが積極的に取り組めてとてもやりやすく感じました。学校に来てくださった○ちゃんも本当にかわいくて、私は抱くことはできませんでしたが、見ているほうとしても、小さな子を抱くことのむずかしさや責任の重さがよくわかりました。それと同時に小さな子に対する愛情ややさしさ、和やかさがとてもよく伝わりました。また、お母さんの話では、『父親の在り方』について聞くことができてよかったです。私の家とは、やはり違うなと感じる反面、私が小さかったころはこのような関係だったのかなと思うと、楽しくも感じました。これまで、数々の性教育を受けてきて、やはり何より大切なのは『知識』だなと感じました。知識によって防げること、これからできることがたくさんあるなと感じました。正しい知識をもち、正しく理解できる大人になりたいです」と書いていました。以前、家庭で父親の存在が薄いと言っていたことを思い出し、小さいときに父親がかかわってくれていたのかどうかも知らないで育っていたことが読み取れます。今回、子育ての話を聞いたことで、自分にかかわってくれていただろう父親と自分の姿を思い描くことができたのではないでしょうか。この子が自分の存在を認め、現在をそして将来を、自信をもって生きていくことにつながっていってくれることを期待したいと思います。

◆そして卒業

先日、卒業式を控えた三年生一人ひとりから、メッセージをもらいました。Ａさんからは、「中学校生活で沈んだり浮いたり、いろいろ大変でしたが、先生の励ましのお陰で、がんばれました。S市にも連れていってくださってありがとうございました。行ってよかったと心底思います。行き帰りの電車もすごく楽しかったです。これからも、みんなの『さくら』でいてください」と書いてありました。車で移動することが多く、ゆっくり時間をかけて話すことなど、経験していなかったのかもしれません。水谷さんの講演内容だけでなく、電車の中で、みんなで楽しくおしゃべりしたことが彼女にとっては有意義な時間だったことがわかり、安易に車で移動しなくてよかったとうれしく思いました。

ほかの生徒からは、「いつも私の愚痴を笑顔で受けとめてくださり、ありがとうございました。おかげでストレスが全くありません。これからも元気な先生でいてください。私も高校で精いっぱいがんばります」「保健室で、いろいろと相談に乗ってもらったり、楽しいお話をしたりと、本当にお世話になりました。先生は、一人ひとりの生徒のことをちゃんと考えてくれて、とても話しやすかったです。今までありがとうございました」「マッサージをしてくれてありがとう、気持ちがよかったです」「心をいやしてくれてありがとうございました」など、だれ一人として、自分では力を入れて書いているつもりの「保健だより」のことに触れておらず、その生徒との関係性のなかから出た言葉を書いてくれていました。あらためて人の話を、ゆっくり、じっくり、誠意をもって聞かなければいけないことを感じました。

6. 養護教諭は生徒全員の担任という思いで

Ａさんの状態がひどくならずに卒業できたことに、ひとまず安心をしています。今後、辛いことを何度も経験するでしょうが、自分を傷つけるのではなく、いろいろな人とかかわり、いろいろなことを吸収し、生き続けることを通して、より豊かな人生を歩んでほしいと願っています。

私は、Ａさんを通して、親子関係、インターネット関連、生徒の心の状態、学級や学校の問題など、多くのことを学ぶことができたことに感謝をしています。また、Ａさんの状態がよくなったきっかけとして、これといったものをあげることはできませんが、生徒全員が自分の心を見つめ、ストレスについて学ぶ時間があったことで、全員のストレス対応の力を少しでも高めたことがＡさんの回復にひと役かっていたのではと、勝手に解釈をしています。

また、私たち養護教諭は、直接担当する生徒はいないけれど、養護教諭にしか見せない生徒の顔を見ています。元気がなかったり、弱音を吐いたり、陰口をたたいたり、強がってみせたりするその子どもの心の裏側には、家庭で、塾で、部活で、学級でと、それぞれ違ったストレスを抱えているから出す表情なのです。その一人ひとりの抱えている問題を表出させ、心を楽にさせてやり、よりよい成長を成しとげるように心のこもった指導が継続してできるのは、養護教諭の特権であり、そういった意味では、生徒全員の担任だといえます。

その養護教諭のいる保健室に、いろいろな問題を抱えてやってくる生徒から明らかにされる学級や学校の問題を、文化祭での発信だけで解決することはむずかしく、今回のようなかたちを来年度また仕組むことはむずかしいと感じています。そのため、日ごろから、生徒一人ひとりを成長させるために委員会活動や保健室での活動を展開していき、情報発信をしていけば、ほかの教師も生徒も動いてくるように思います。細々した問題は、次から次へと起こり、対応する教師に疲労も出てきますが、教師の心の支えに養護教諭がなることも大切で、それをおざなりにすると、学校全体が病んでくることは目に見えていると思うのです。教師の負担を軽くするためにも、保健室での教育活動は、もっと積極的にしていく必要があると思う今日このごろです。

最後に、養護教諭としての成長を振り返ってみると、委員会の生徒一人ひとりとよく会話をするようになり、その子のよさや発達課題がより深く見えるようになってきたように思えます。保健活動のリーダーとして育てる力は、まだ私のなかに育ってきてはいませんが、何かに取り組むときの姿勢や、手順、集団へのはたらきかけなどの方法を生徒に伝達することができるようになったように思います。今後、社会活動にも役立ててもらえたらうれしいかぎりです。また、文化祭への取り組みを通して、テーマに対する知識を深め、学校全体の問題にも気づくことや職員へのはたらきかけもできるようになったと思います。今後も生徒とともに、実りの多い保健活動の実践をしていきたいと思います。

第5章

眼科健診からミニ学習会・文化活動へ広げて

——社会へ出る前に身につけてほしいことを伝える【高校】

1. 生徒が主役、目のミニ学習会

高校に転勤し、時間に追われながら機械的に流れていく健康診断に「いたしかたない」と思いながらも、「どこか違う、高校における健康診断を通しての学習がつくりあげられるのでは……」と思い続けてきました。本校は複数配置校。「養護教諭が複数配置になれば、ていねいな健康診断を行なうことができる」という文言が頭から離れなかったのです。そこで、健康診断の取り組みのなかで「健診結果から何が見えるのか、何に取り組むのか」という課題をとらえ、健診が終わり、結果を知らせるだけでなく、結果から健康課題を、みんなで考えてみようと保健だよりや保健掲示板を通じて全校に発信してきました。

健康診断の取り組みを通して、生徒保健委員会が校内に旋風を巻き起こすまでには、保健室を居場所としていた生徒たちのていねいな保健掲示板づくりの積み重ねがありました。ただ保健ニュース新聞を貼るのではなく、切り貼りをしながら日替わりメニューの手づくり新聞を作成。「高校生として幼稚ではないの？」という声もあがるなかで、生徒の足を止める掲示板ができあがっていきました。生徒は生徒どうし。同世代の心は伝え合うものは同じものだ、と感じた出来映えでした。学校掲示係から「保健室の掲示板のようにまとめてみましたよ」とうれしい声が届いたり、「今度はこの教材を使ってみては……」と教科担任から参考資料をもらったり。「たかが掲示板、されど掲示板」、紙切れ一枚のなかにある健康への思いを伝えることで、いつかは相手を動かすことのできるおもしろさに生徒自身が気づき、次々と思いをつなげていったのです。このような一喜一憂することを幾度も経験するなかで、保健室を居場所としていた生徒たちが生徒保健委員会の一員となり、保健活動を通じて羽ばたいていきました。

◆君の素眼が見てみた〜い！

本校の眼科検診では、「君の素眼が見てみた〜い！」のキャッチフレーズで事前指導を行なっています。女子生徒によるマイボーム腺炎の指摘を多数受け、聞き慣れない結果に女子生徒は大慌てでした。個別に保健指導を繰り返したので、翌年にはマイボーム腺炎は消滅したものの、また新たな問題が出てきました。二重まぶた用接着剤の使用者が多発し、ひどい生徒は皮膚炎を伴っていたのです。マスカラやアイシャドーの上に粉を散りばめての健診態度。そのときどきの生徒の実態を話題にすることで、健診マナーにも重点をおいて健診に臨んでいこうということで、本校の眼科健診の定番「君の素眼が見てみた〜い！」が出現したのです。

しかし、眼科疾患の課題はまだまだあったのです。

◆きっかけはコンタクトレンズのトラブルの多さ

全校生徒一五人を一時間かけて実施していた聾学校（前任校）での健診時間から、二時間で八〇〇人に……私にとっては驚きの連続でした。しかし、時間の長短ではなく、健診の意義・目的を前年度の課題を重点に健診を進めていくことの視点を学校眼科医の先生と一緒になって考えることができました。ミニ学習会は、生徒の目の実態をなんとかしようとしたことから始まったのでした。

コンタクトレンズ装用者にアレルギー性結膜炎を数多く認めた年、健診後、学校眼科医の立場から以下のような最近の病院受診の実態報告を受けました。

> 学校健診で視力低下を指摘された生徒の屈折検査を行なうと、矯正を必要とする屈折異常がみつかることをしばしば経験する。そのさいに眼鏡をすすめても嫌がる生徒が目立つ反面、コンタクトレンズの使用を望む生徒が増えてきた。こうした傾向は高校生だけでなく、中学生や小学生にもみられるようになり、コンタクトレンズ使用者の若年化が進んでいる。
> これに伴い、若年者のコンタクトレンズ障害例も数多くみられるようになった。

また、保健室の利用状況から、現実に抱えている眼科疾患の課題を整理してみると、次のような本校生徒の実態が浮き彫りになりました。

・保存液や保存ケースを持っておらず、頻繁に借りにくるなど、管理ができていない（ケースがない場合はお皿で代用）。
・目の痛さや充血を訴えながらもコンタクトレンズを外そうとしない。

・装用後、定期検査を受けておらず、汚れや異物感があっても装用しており、正しいケアができていない。
・乾く、くもる、かゆいといった苦情を訴える。
・カラーコンタクトレンズ使用者が目立ち始めた。
・友だちのコンタクトレンズを借り合いしている。
・ソフト・ハードコンタクトレンズの管理があいまいである。

本校は定時制も併設しています。定時制の健診時間までの二時間を利用して、カラーコンタクトレンズを使用しているAさんとアレルギー性結膜炎と診断されたBさんを交えて、コンタクトレンズの使用についてのミニ学習会を咄嗟の思いつきで開いたのがきっかけなのです。

その後、このミニ学習会は生徒保健委員会の活動として定着していきました。学習会のお知らせチラシの作成・配布、友だちの勧誘、学習会の運営、司会進行、保健だよりの発行（204、205ページ図参照）など、生徒の創意工夫も生かされて、生徒もいきいき活動するようになりました。

◆「がんばったね」と褒められて……

ミニ学習会の担当は二年生の男子生徒二名。中間考査終了の翌日がミニ学習会とあって、十分な活動を援助できなかったのですが、彼らは全校にチラシを配ったり、友だちに参加の勧誘をしてくると校内を回ったり、初めての経験を短い時間内で精いっぱい活動しました。帰りたい病のN君、放課後

（花の形に配置された感想）

先生がアイプチで目がかぶれている人がいるといった時、私の友達はアイプチをしていてすごく目がかぶれていたなぁと思い出しました。

先生の話を聞いていて、今コンタクトレンズやめがねを使っている訳ではないですが、将来悪くなった時、コンタクトレンズなどを使用しなければいけなくなった場合の為になる良い機会だったと思いました。

最近自分の周りにもコンタクトレンズをつけている人が多くなっていて、今日植田先生のお話を聞いて最近コンタクトレンズは恐いと思いましたが、きちんときめられたケアをすれば問題無く使えることが分かり安心しました。

体のためにオシャレもほどほどにしないといけないと思った。

（感）（想）

物を見ることは当たり前のことだけどもし目が見えなくなったらどんなに不自由だろうと思いました。

普段なかなか聞くことの出来ない様な話しが聞けてとても良い経験になったと思う。

やっぱり目は大切にしないといけないなぁ…とあらためて思いました。私は、視力は良いので、ずっとこの状態を保てるようにしたいです。

夜「疲れているから」と洗浄を簡単に済ませてしまうことがあるので、これからはちゃんとしたいです。（失明してしまってからでは、もう手遅れなので）

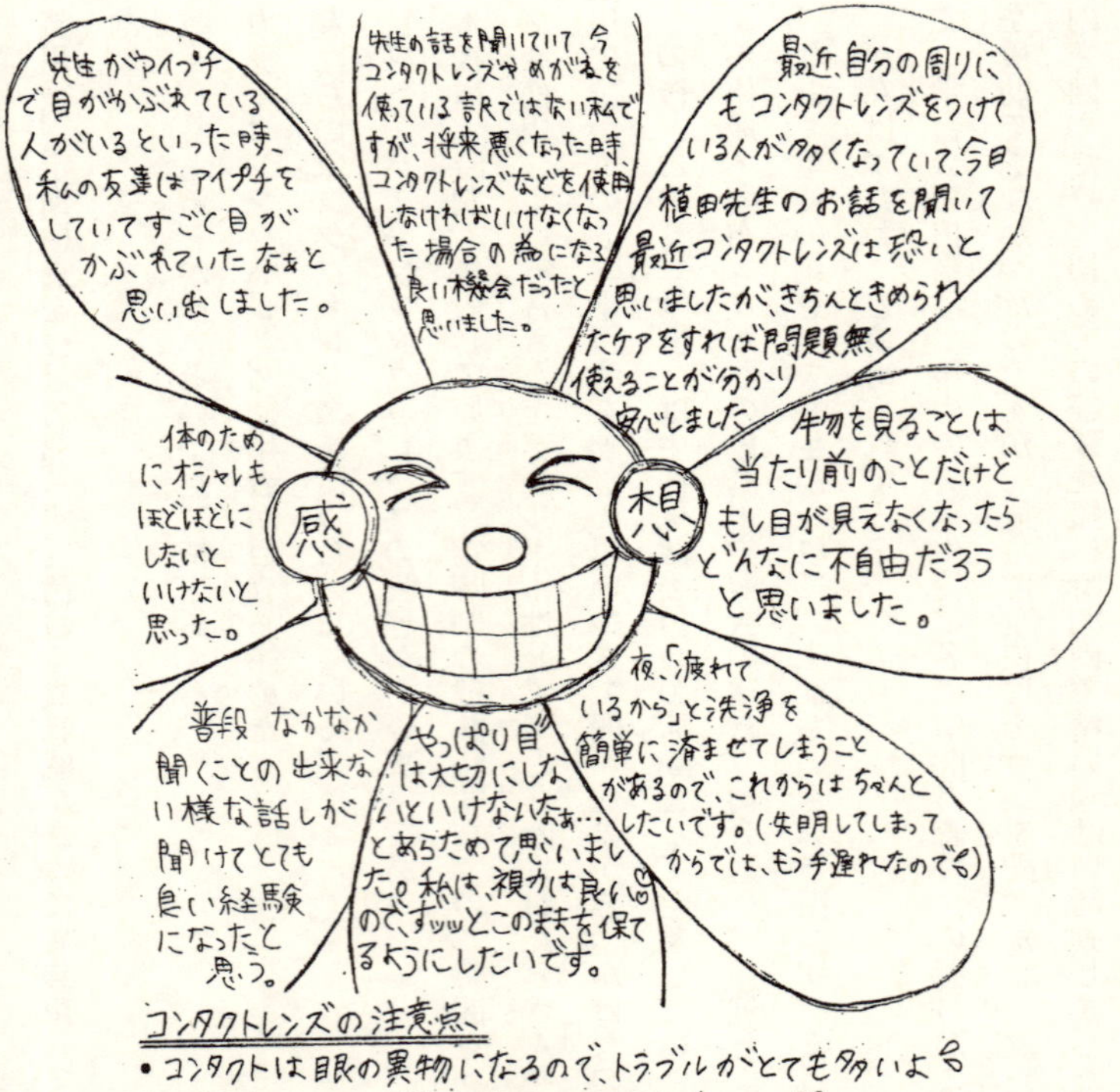

<u>コンタクトレンズの注意点、</u>
・コンタクトは眼の異物になるので、トラブルがとても多いよ♡ 装用期間を守らない、連続装用、ケア不足などがある!!
・コンタクトは衛生面から考えても、使い捨て交換レンズの方が好ましいよ☆
・眼が乾きやすい人、アレルギーの人、十分な視力が出ない人、神経質な人はコンタクトに向きませんよ
・カラコンは着色されている分、汚れも目立たず安全性に欠けるため避けた方がいいけど、どうしてもしたいなら短時間にしようね♬

の保健だより

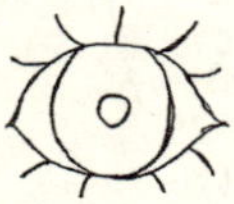

の学習会を終えて

2004.6.
保健委員

6月10日に目の学習会がありました。
そこでは目についていろいろなことを学びました。

植田先生のお話
眼科健診では主に斜視や結膜炎などを見ます
結膜炎には感染性のものとアレルギー性のものがあるらしく感染性のものはプールなどで感染することが多く過去にはプールでの集団感染で学級閉鎖・学年閉鎖になった例もあります。今はちょうどプールの時期、皆さんもプールに入る時はゴーグルを着用したり、泳いだ後にしっかり目を洗うとかして注意を払っておきましょう☆
アレルギー性のものはほとんどがコンタクトレンズによるもので、レンズの汚れが原因であったり様々です。最近では、使い捨てタイプや短期間タイプのコンタクトレンズなどが出ているので、予防には1つの手かも??
また、最近の眼科に診察に行く患者さんでアイプチやカラーコンタクトの使用での障害で診察に行くケースが増えているのそうです。
アイプチは今では知らない人はいないくらい普及しているけど、そのせいで👁のまわりがかぶれたりしてしまって逆効果なことも少なくありません。可愛くなるためのアイテムはリスクも大きいことを覚えておきましょう☺ カラーコンタクトも同様、オシャレ目的で使用されているけど、確実に自分の目は傷ついているのです。これらのことを踏まえて使うか使わないかは自分のことです

最近はオシャレになるためのアイテムにも様々な種類があります。その中にアイプチやカラーコンタクトも含まれています。私達は今、高校生です。オシャレもいっぱいしたいし、誰よりも可愛くありたい☆それは当たり前のことだと思います
だけどオシャレをすることで自分の体を傷つけてませんか？
自分の体よりオシャレを有先させて、オシャレのために自分の健康を損なうことは、いいこと言えますか？健康で、自分の将来もよく考えた中でオシャレな高校生を満喫したいね♪

保健委員会から

の活動が楽しみで一度は「帰りたい」を口にするものの保健室に居座り。恥ずかしがりやのM君。「おまえの声、いかすじゃん」に功を得て、全校放送で呼びかけます。ミニ学習会の司会も息がピッタリ。「よくできたね」と学校眼科医の先生に褒められて、これで自信がついたのか「目の学習会を終えて」の保健だよりも翌日発行の手際よさです。

梅雨の時期を迎え、放課後の保健室ではあじさい（折り紙）づくりをしている二人。一つひとつの花びらが、たくさんの仲間を揺り動かす原動力になるように……。

◆自己管理ができるようになった

眼科健診後の「目の学習」を行なっていくうちに、生徒の実態に変化が見られるようになりました。

①コンタクトレンズとメガネを併用している。
②保存液、保存ケースを持参している。
③目の違和感が生じたら、進んでコンタクトレンズを外し、目の休養がとれるようになった。
④コンタクトレンズの購入先で管理の方法や定期検査など、コンタクトレンズの使い方について自ら話を聞いてくるようになった。
⑤眼科健診には、高校生らしく素眼で受診している。
⑥コンタクトレンズの友だちとの貸し借りがなくなった。
⑦コンタクトレンズの装着に、意識して手洗いの励行が広がった。

などです。

また、高校生の間には茶髪やピアスなど、目に見える校則違反に対して規制があるなかで、カラーコンタクトレンズがおしゃれ目的として装用され始めています。ミニ学習会に取り組んでいくなかで、カラーコンタクトレンズの装用時間などの自己管理ができるようになった、とか、カラーコンタクトレンズを購入した生徒が、元の普通のコンタクトレンズの装用に戻した、といった声も届くようになりました。学校生活においても、部活中のコンタクトレンズトラブルも我慢せずに病院を受診したり、部活顧問から外して休養をとらせたり、合宿のときはメガネを忘れず持参させる傾向も出てきました。

◆目の学習が手洗いに結びついて

目の学習会後、保健委員から手洗い場のせっけん設備の要求が出てきました。校内で検討してみましたが、急な予算化ということで、今すぐの対応はむずかしいとのこと。生徒自らの環境を整える視点を育てたいと願い、学校薬剤師の先生を迎え、「手洗いとは……」の学習会を開きました。

生徒から手洗い場のせっけん設備要求が出たのは、次のような理由があったのです。コンタクトレンズの汚れを健診時に指摘され、その場で白濁している実態を自分の目で確かめさせられたこと。そして体育の水泳授業が始まり、水質の汚れを防ぐために頭髪のムース、化粧などが禁止され、授業前には洗って落とさなくてはならなかったこと。また、目を保護するためのゴーグルを忘れた生徒には、コンタクトレンズを取り外しての水泳をしなければならないこと。各学年、水泳授業が始まると手洗い場から悲鳴が聞こえてくるのです。こんな風景をいち早く察知したのが保健委員でした。健診介助をしながら身近な健診風景を見て、水では落ちない脂質によってコンタクトレンズの汚れが誘発されていると気づいたのでした。

「手を洗いたい」のいちばんの要求は、整髪剤や化粧の汚れを取り除きたいというのが、男女を問わず本校生の願いでした。真水では落ちない汚れの実態があることから、せっけんの方向で手洗いを考えてみましたが、せっけんがきちんと管理されないと逆に不衛生であることの指摘を受け、汚れたままで設置されているアルボースの容器（前年度のアルボースせっけん液が多少保管してあった）を利用する方向で活動し始めました。トイレットペーパーは芯から外れて床に放置されたまま、ガムは吐き捨ててあるし、ペットボトルは手洗い場に置き忘れの実態でした。「汚い」「不衛生」と思いながらも掃除当番以外は踏みこまなかった手洗い場、トイレの環境衛生面の実態を、生徒保健委員の手によって全体に投げかけていくことになったのです。

◆楽しくからだを学んだ文化祭活動

手洗いの話が進んでいくなか、十一月に行なわれる文化祭の準備が始まりました。手洗いにこだわり、手のはたらきについての雑談途中、梅雨時以来、暇をみつけては折り紙に挑戦していたN君とM君を実行委員長に、手を使った「からだのおもちゃ館」の展示活動に取り組んでみようということになりました。十一月は、前期と後期の保健委員の交代期で、後期保健委員で文化祭を迎えるには多少の無理があり、前期保健委員のN君とM君を中心に、後期保健委員のメンバーをスタッフとして位置づけたのです。放課後に集まっては、どんな内容のおもちゃ館をつくっていくのか、生徒の自主的な発想を求め、「万華鏡」「折り紙」「おもちゃ」「ＢＯＸ」「風船アート」と、それぞれの館ができあがりました。

それぞれの館にチーフを配属し（当日は黄色の腕章でアピール）、どんな折り紙が折りたいのか、どんな風船アートがつくりたいのか、当日展示会場に来られた人の要求に応えられるよう、「自分はこれなら大丈夫だ」というものをスタッフとして短期間に挑戦していくこととなりました。このスタッフの活動は、部活やクラスの準備でなかなか保健室に集まれない生徒が、空き時間を利用して何度も挑戦していました。それぞれの館のチーフが細かく教えている光景もありました。手のはたらきから始まった「おもちゃ館」は、細かい手の動きとそれをキャッチする目のはたらきを同時に学ぶ機会となりました。それぞれの館のチーフがスタッフに、学年をこえ、人とかかわり、人に伝えていく力が育ってくれればと願って取り組んだのです。

本校では、「学校医をパートナーに」としたミニ学習会は、全校生徒の実態から発した課題を、個々の生徒自身が受け止める機会として位置づけました。「自分の今のからだに向き合って……今後、結果をどう生かしていけるのか」という視点から取り組みました。生徒による手洗い場の要求や文化祭での保健委員会の「からだのおもちゃ館」の取り組みなどは、まさに結果をどう生かしていけるのか、ということではないでしょうか。

さらに、「コンタクトレンズの学習を通して子どもたちの健康を考える機会となった」「生徒が学習することによって定期健診に行きケアすることにつながった」という学校眼科医の啓発活動がほかの学校医を誘発し、眼科健診だけでなく、歯科健診後も「歯の学習」を開きたいとの要望が出てきました。

そのもととなったのは、生徒保健委員会の眼科のミニ学習会でした。

2. ミニ学習会第二弾は「歯」

◆Yさんのつぶやきから

健康診断後のミニ学習会は、必ずしも委員長が取り仕切るものではありません。そのときどきの生徒たちの自主性によって、学習会を計画してきました。今回の学習会は、歯周疾患を対象に開こうということで、歯科健診後、「G」と結果を受けた保健委員のYさんが中心です。すぐに歯科医に行き治療を開始したとのことで「さわった感じが気持ちいい」といった何気ないこのつぶやきが決めてとなったのです。じつは同じ部活のHさんが昨年から「G」の治療を始め、そのつど、保健だよりを通じてその様子を伝えていたのもYさんでした。「部活の練習で時間がない」と言いながらも、病院へ行く前に保健室に来てブラッシングをしていたHさんに付き添っていたYさん。学習会の案内、当日の運営、保健だよりの発行など、Yさんが中心になって行なわれたのです。

◆全員参加の「歯の学習会」

歯科健診結果は、その場でお知らせできるようプリントを作成し、手渡しをしています。出口には「Cといわれた人へ」「Gといわれた人へ」の学習コーナーを設け、一人学習ができるよう準備しておきます。当然、今回の「歯の学習」の誘いも該当生徒一人ひとりに声かけをしていきました。その後、全校の健診結果をまとめ、今回の「G・GO」対象者一六二名全員に学習会のお知らせプリントを配布しました。そして、担任や部活顧問へも協力を依頼し、該当生徒には必ず学習会への参加の有無を保健室まで各自で届けてほしい、と伝えました。さらに、参加の強制ではなく、必ず届けることの大切さ（社会に出て書類の提出など必ず処理しておかないと受理されないものがあることを知ってほしいとの願い）とひと言、個別の保健指導ができるチャンスであることを付け加えておきました。その結果、プリントを配布した日から一六二名の生徒が入れ替わり立ち替わり保健室を訪れました。一週間後に高等学校野球大会を控えている野球部の部員も、「参加できません」と時間をみつけて報告に来ました。バレー部員は、バレーの顧問から「参加しなくてもよいのか」と尋ねられ、あわてて様子を聞きにきたり、七月にはいってからは、保健室は「G」「GO」一色でした。学習会に参加する、しないではなく、一六二名の生徒たちのこういった行動が「だれを対象に、なんのために歯の学習会が開かれるのか」ということを、ほかの生徒にも広げていくためには大切な取り組みだと思っています。

学習会に参加した生徒からの「学習会に参加したのは治療する勇気をもちたかったから」「自分を含め家族で話し合い、家族の健康を考える機会となった」「むし歯だけでなく、自分が歯周病であることがわかった。（学校歯科医の）相澤先生の話から何をしなければいけないのか、行動に移したい」「この学習会を受ける前は関心がなかったけど、終わったあとには歯のことを考えるようになった」などの感想文を読んで、「部活の練習で時間がない」と言っていた歯の学習の担当の保健委員が、「やってよかったね」とピースサインでうれしさを伝えてくれたときこそ、こういったミニ学習会をつくりあげていくなかで生徒たちの成長を私自身がつかみ取った瞬間なのです。

歯科健診は、むし歯の治療率を大きく左右するものです。以前は治療率一〇〇％をめざして治療を必要とした子どもの名前を掲示し、治療完了した日に赤いバラを貼って、子どもたちの意識を高めるなどの実践もやってきました。本校の学校保健委員会においても治療率の低さを指摘されない年はなかったのですが、治療率以前の問題として、生徒自らの行動に結びつける健診を学校歯科医の先生たちと話し合いながら工夫してきました。小学校から学んできた歯の知識を再認識する学生生活最後の機会として、大きなイベント（歯の衛生週間）でなくとも、その年の生徒の歯の課題を見い出しては、少人数からの発信に取り組んでみようと、学校歯科医からの積極的な申し出がありました。「目の学

健康教育の取り組み

月	内　容	月	内　容	月	内　容
4月	茶髪・パーマ・染髪	9月	ピアス・アクセサリ	1月	脱毛・剃毛
5月	化粧品・二重まぶた用接着剤	10月	コンタクトレンズ	2月	にきび
6月	マニキュア・除光液	11月	陥入爪・水虫	3月	
7月	人工日焼け・紫外線	12月	体を冷やす服		

習」同様に、学校歯科医、保健委員の生徒とつくり出していく「健診結果を生かした歯の学習」が新たに加わったのです。

3. 茶髪・パーマの「おしゃれ障害」に取り組んで

◆生徒の行動変容を目標に

二〇〇四年度の生徒保健委員会の活動のテーマは、「健康～生活力を身につける～」としました。おしゃれ障害について情報提供し、たとえ一人であってもその生徒の行動変容を目標に取り組みました。最近の高校生の話題としては、化粧、ファッション、エステティックサロン、ダイエット、美容整形など、外見に関するものが多く、携帯電話やパソコンのインターネットには高校生をターゲットにした情報がはんらんしており、これらの情報に振り回されている生徒も多くいます。憧れである「なりたい自分」を求めて、「美しく」変身したいという若い人の気持ちは理解できるのですが、教育の場である学校においてはふさわしくない場合もあるため、毎年、生徒指導部の強化指導項目としてあげられています。今や高校生の化粧・二重まぶた用接着剤・茶髪などは当たり前で、学校においてはこれらを控えるように指導しても、生徒はやめようとしない現実があります。生徒指導部の月一回の服装検査日の前後の生徒の頭髪は、カメレオン状態に陥っています。なかには顔面や首などに、これらが原因と思われる皮膚症状を生じた生徒も出ています。

眼科健診後の「目の学習会」の取り組みは、まさに生きた学習であり、生徒への対症療法だけでなく、カラーコンタクトレンズや二重まぶた用接着剤などのおしゃれ障害から身を守るということを考える機会となり、この学習会を通じて生徒たちはこれらと上手に向き合える力を培ってきたと感じています。だから、服装検査で何度も注意を受けながら、日替わりメニューの頭髪が、からだにとって本当にいいものかどうかの判断力を身につけることが、生徒の健康課題と考え、「高校生として考えてみませんか」シリーズでおしゃれ障害に取り組んでみようということになったのです。

夏休みが終わり黒一色の始業式。しかし、日がたつにつれて生徒の頭髪はあちらこちらで色づき始めています。始業式は黒スプレーでなんとかごまかせたのですが……。

◆あなたの髪は健康ですか?

文化祭に向けて生徒保健委員会は、「あなたの髪は健康ですか?」の実態調査に取り組むことになりました。そこで、まず、教科会議に文化祭の取り組みを提案し(教科会議のメンバーは三年生の学年主任、生徒指導部(服装検査担当)二名、教科主任、保健体育部長、養護教諭)、実態調査の項目の検討から始めたのです。「これでやります」のスタイルではなく、一つの項目にどんな意味があり、

アンケート項目

髪に関する実態調査　　　1年・2年・3年　　　男・女

今年の　　祭で保健委員会は、髪から健康について考えてみようと思います。つきましては下記のアンケートにご協力ください。

★１　あなたはどのようなおしゃれに関心がありますか。(複数可)
ア、お化粧　イ、染髪　ウ、パーマ　エ、ピアス
オ、マニキュア　カ、その他(内容を裏面へ)

★２　あなたは髪を染めたことがありますか。
ア、はい　イ、いいえ

★３　あなたが初めて髪を染めたのはいつですか。
ア、小学生　イ、中１　ウ、中２　エ、中３　オ、高１
カ、高２　キ、高３

★４　あなたが髪を染める場合、どうしますか。
ア、自宅で（市販のカラー剤使用）　イ、美容室で

★５　あなたはパーマ（ストレートパーマを含む）をしたことがありますか。
ア、はい　イ、いいえ

★６　あなたが初めてパーマ（ストレートパーマを含む）をしたのはいつですか。
ア、小学生　イ、中１　ウ、中２　エ、中３　オ、高１
カ、高２　キ、高３

★７　あなたがパーマをする場合、どうしますか。
ア、自宅で（市販のパーマ剤使用）　イ、美容室で

★８　あなたはパーマ剤やカラー剤を使用したとき、体に異常を感じたことがありますか。
ア、はい　イ、いいえ

★９　８で、はいと答えた人に質問します。どのような異常を感じましたか。(複数可)
ア、頭痛がした　イ、吐き気がした　ウ、気分が悪くなった
エ、頭皮がヒリヒリした　オ、皮膚がかぶれた　カ、抜け毛が増えた
キ、生理が止まった　ク、その他（内容を裏面へ）

★10　あなたはどのくらいのペースでシャンプーをしていますか。
ア、１日に２回以上　イ、１日に１回　ウ、２日に１回
エ、３日に１回　オ、４日以上に１回

★11　あなたはシャンプー後、どのように髪を乾かしていますか。
ア、自然乾燥　イ、ドライヤーで

★12　あなたは朝シャンプーをしていますか。
ア、はい　イ、いいえ

★13　あなたはブローするときどのようにしますか。
ア、何も使わない　イ、クシのみ　ウ、アイロンやコテを使用
エ、ドライヤーを使用

★14　現在のあなたは髪はどのような状態ですか。手で触ってどう感じますか。(複数可)
ア、ボロボロ　イ、パサパサ　ウ、キシキシ
エ、サラサラ　オ、ツヤツヤ　カ、その他（内容を裏面へ）

★1	★2	★3	★4	★5	★6	★7	★8	★9	★10	★11	★12	★13	★14

★1　あなたはどのようなおしゃれに関心がありますか？

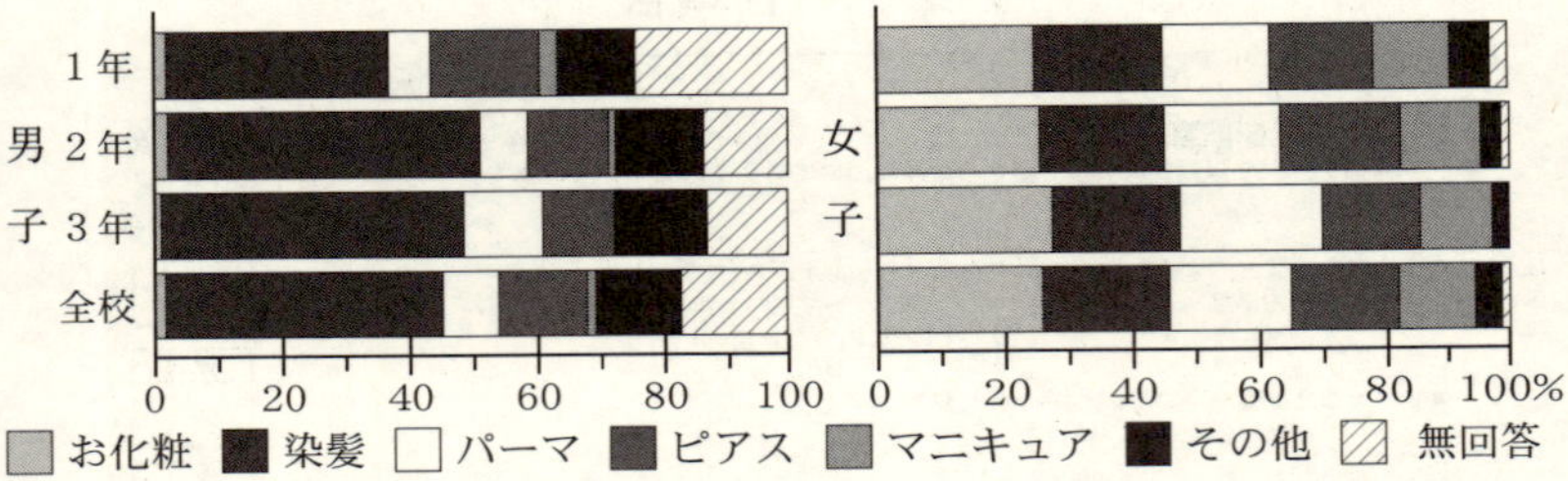

いちばんに関心のあるのは男子は染髪，女子はお化粧ですが，女子の染髪・パーマの割合から見ると，ともに髪に関するおしゃれが一番関心の傾向を示している。

★2　あなたは髪を染めたことがありますか？

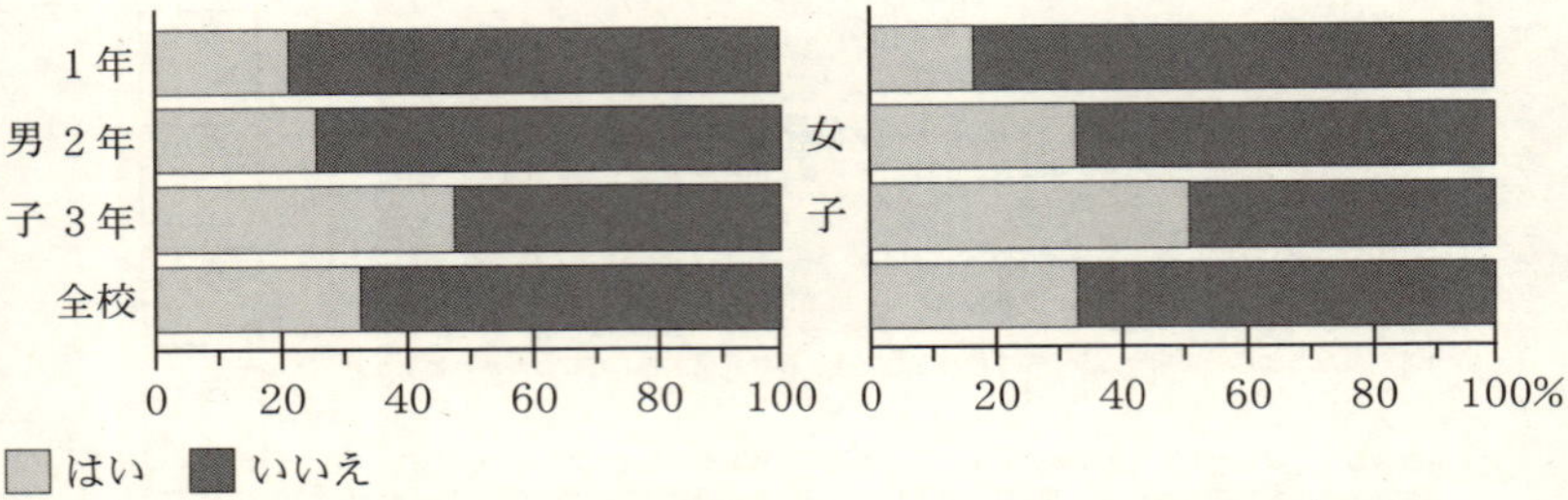

全体の3割強が髪を染めた経験をもっています。学年が上がるに連れ増加しており，3年生では5割，約半数の生徒が経験している。

★3　あなたが初めて髪を染めたのはいつですか？

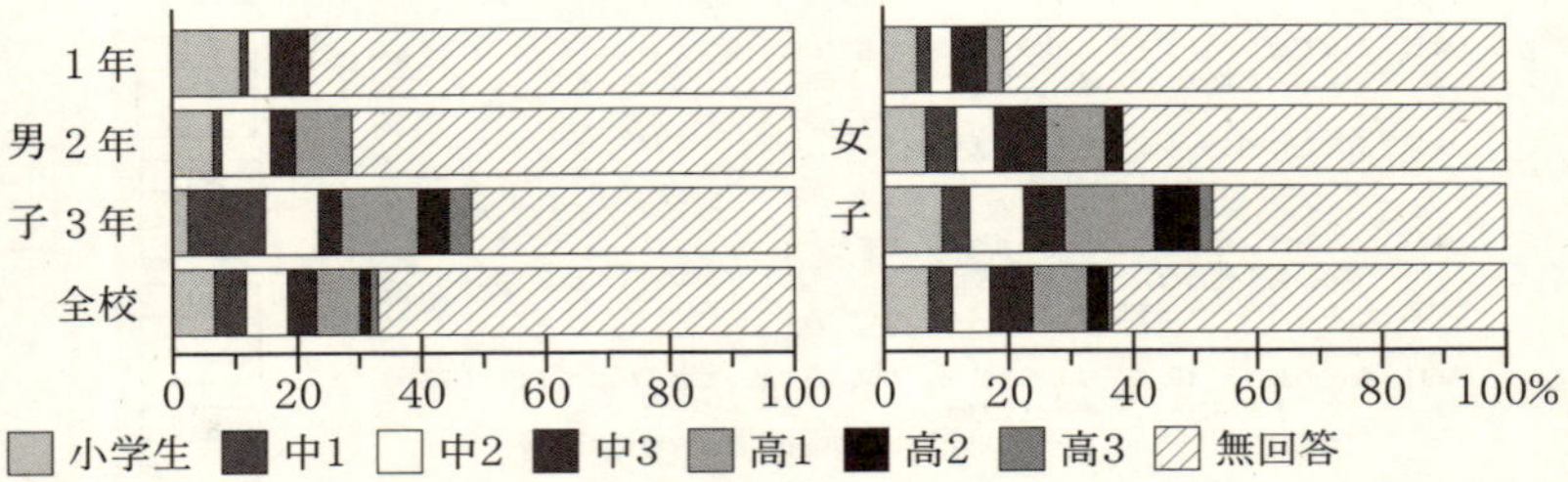

髪を染める時期は中1、2年次。そして高1の時期を示している。女子よりも男子のほうが小学生の段階で髪を染めている傾向がある。

★４　あなたが髪を染める場合，どうしますか？

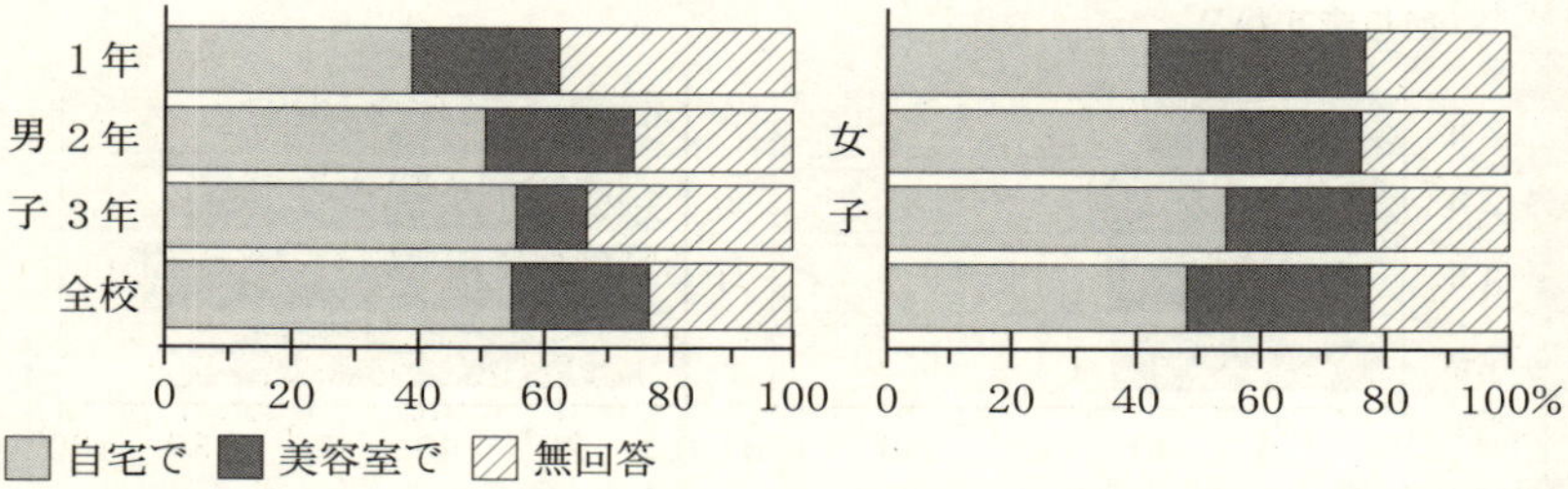

全体の約７割が自宅で髪を染めている。１年次には美容院の傾向を示しているが，回を重ねるごとに自宅での傾向が増えている。

★５　あなたはパーマ（ストレートパーマを含む）をしたことがありますか？

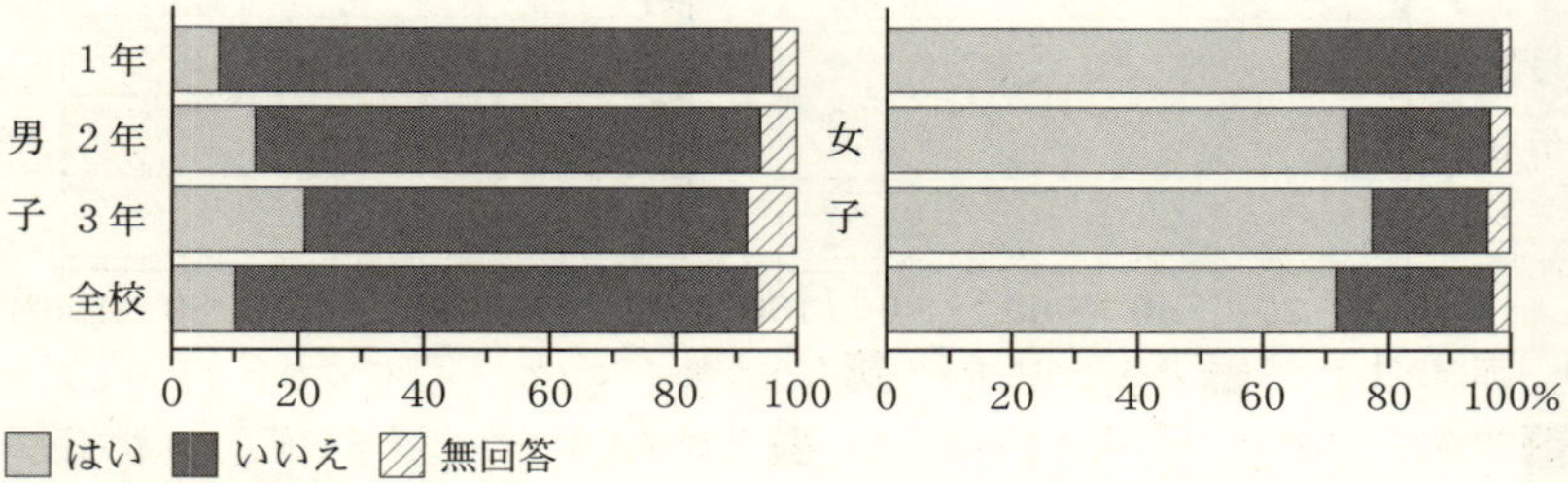

パーマの経験者は圧倒的に女子に多く，学年ごとに増加している。男子は１割，女子は７割を示している。

★６　あなたが初めてパーマ（ストレートパーマを含む）をしたのはいつですか？

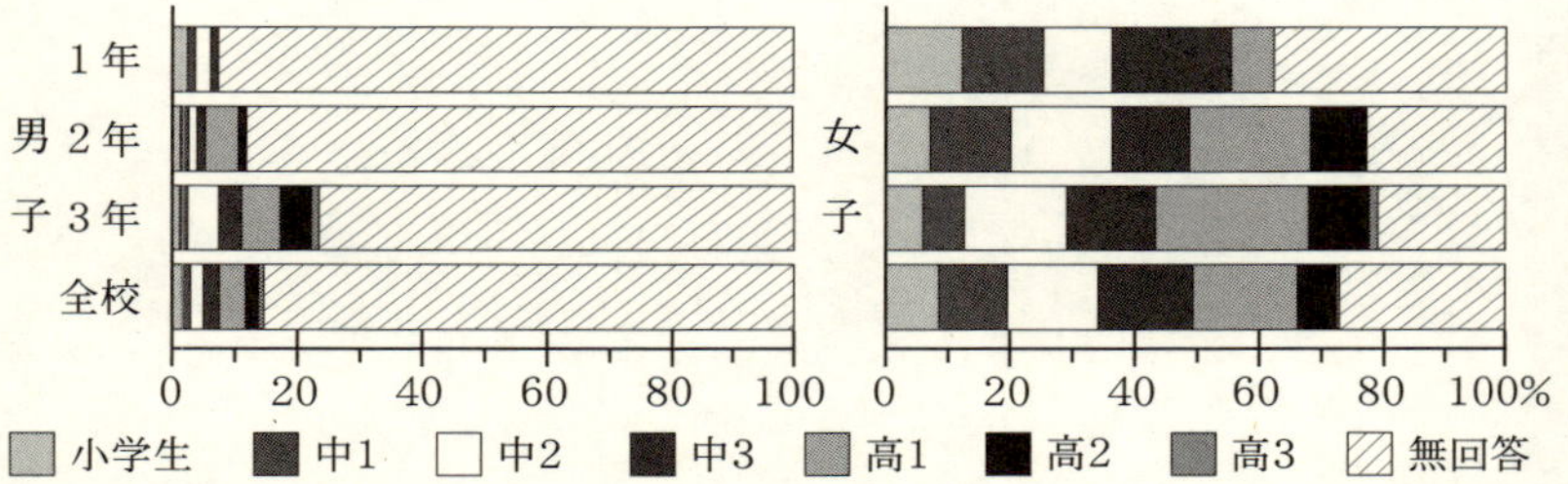

男子は中学２年，高校１年次の傾向があり，女子は小学生、そして中学の時期に４割の生徒が経験している。

★８　あなたはパーマ剤やカラー剤を使用したとき，からだに異常を感じたことがありますか？

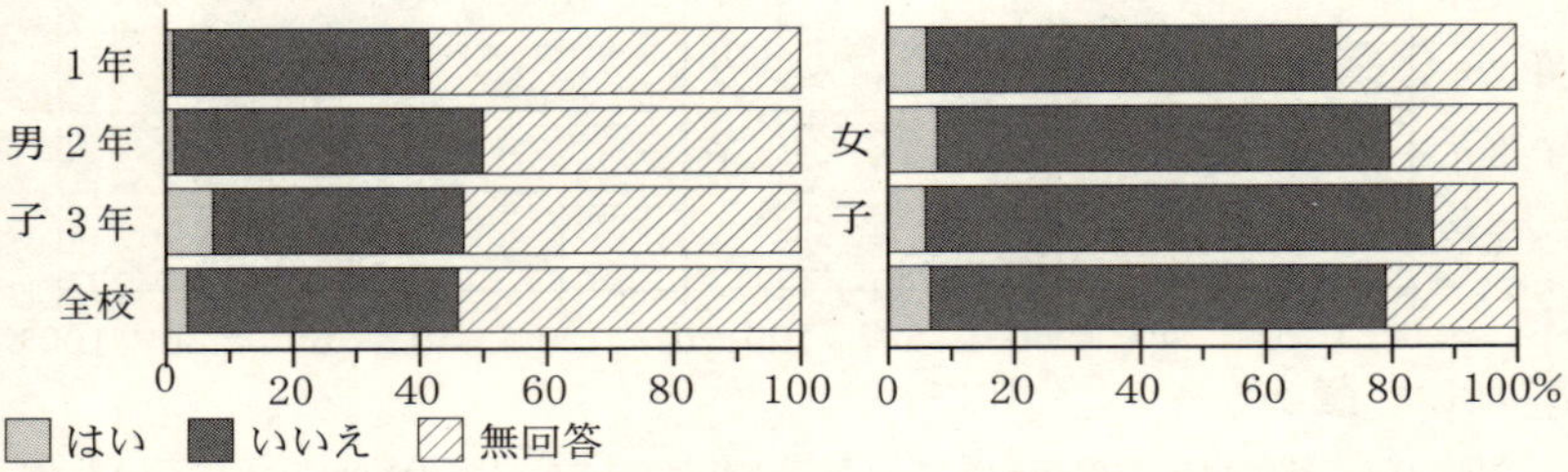

★９　８で，はいと答えた人に質問します。どのような異常を感じましたか？

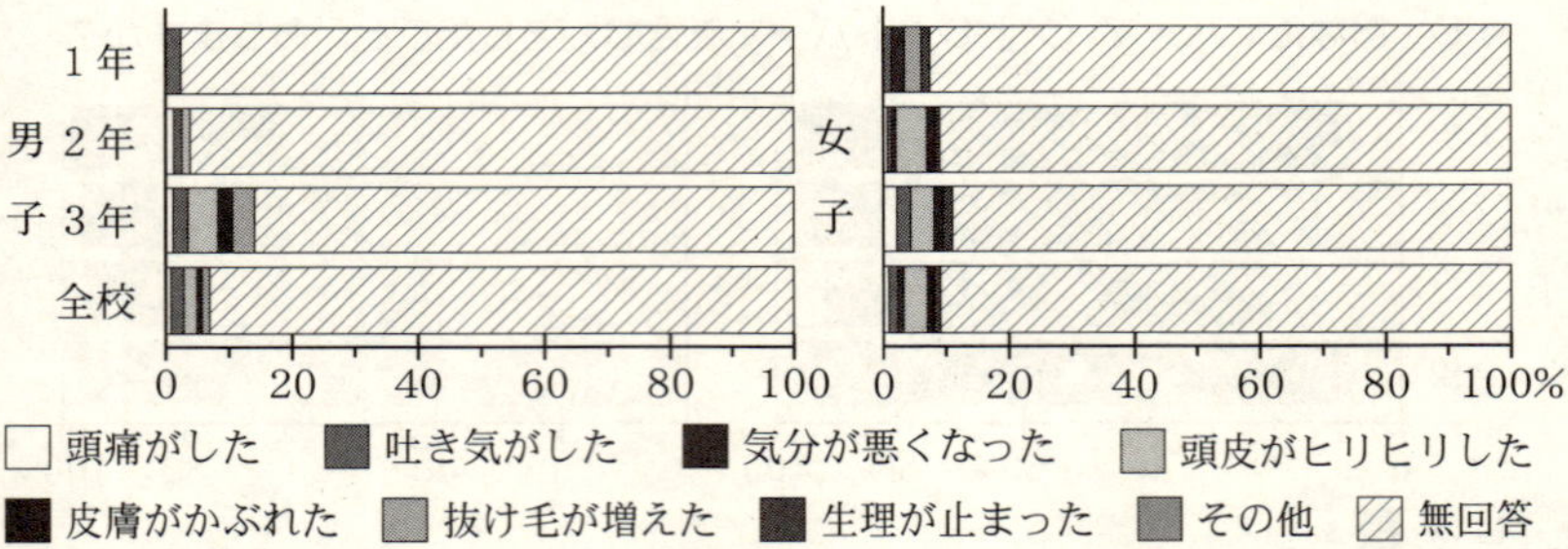

からだに異常と感じた生徒が少なからずいるという傾向が見られる。男女とも「頭皮がヒリヒリした」と答えており、その他，吐き気，皮膚がかぶれたなど，なんらかの異常を感じ始めている傾向を示している。

「茶髪・パーマ」サイコウ？！

あなたの髪は健康ですか？

保健委員会　No.1

４月から「おしゃれ障害」について共に考えていく情報を掲示してきました。後期の保健委員会は「茶髪・パーマ」について取り組むことからスタートです。早速、１１月のテーマ「あなたの髪は健康ですか？」の実態調査に取り組んでみました。おしゃれに関するいろいろな情報が氾濫し、入手も簡単におこなうことができる今、身体にとって本当にいいものかどうかの判断力を身につけることが大切かと思います。今回の結果は保健室前に掲示してあります。高校生として考えてみませんか。

正直言ってとても大変でした。人に見てもらうものなので、きれいに仕上げようと時間をかけました。当日、どんな形になるのか、楽しみでした。

準備をしていく中で、みんなのアンケートの結果を知ることもでき、私自身学ぶこともできました。　祭の企画、準備で保健委員をやってて楽しかったです。放課後に集まる人が一人、二人と増えてとてもとても楽しかったです。

何を求めているのか、それぞれの思いを出しながら時間をかけて検討していきました。アンケートの実施日も、何時（本校には朝、読書の時間があり、読書の時間は副担任、そしてショートホームルームは担任へと交代するので）どのような時間帯で実施すればいいのか、アンケート用紙の配布はだれが行ない、回収はだれが行なえばスムーズに運べるのか、細かい指摘やチェックをお互いに出し合い、流れをつくってきました。職員室では教務部に協力をお願いしたり、教頭先生に流れを説明したりして、校内に実態調査を行なうという「風」を巻き起こしていきました。このことが教職員の意識を変える大きな機会になったと感じています。

各種委員会の交代期が十月中旬の中間考査後となるために、前期保健委員と後期保健委員の活動が共に保障できるよう、委員会の活動も細かく計画を立てました。文化祭への準備期間が少ないうえ、学級活動や部活がある生徒にとって「時間がないから……」ではなく、これならばできるという活動範囲を無理なく設定しました。また、教職員、とくに保健体育部以外の先生たちの理解を深めていったことも、生徒の活動を保障するために大切なことでした。

◆一％の力を結集しよう

「あなたの髪は健康ですか？」の実態調査結果は、前期の保健委員が集計しました。文化祭の準備期間二週間です。全校企画や学級企画、そして放課後の部活などでなかなか委員会としての活動時間が取れないなかで、「何ができるのか、一％の力を結集しよう」を合言葉に、昼休みや放課後を利用して、それぞれの班に分かれて作品をつくっていきました。一％の力が二〇、五〇、八〇％と積み重ねていくうちに「何をつくっているのか」が見えてきて、早く終わった生徒は、遅れている生徒の手伝いもできるようになっていました。昼休みや放課後の活動がスムーズに運べるように準備や片付けを一手に引き受けてくれたS君。放課後は部活の練習のため、早朝の活動に来てくれたI君。「みんなの一％って本当にすごい」と感じた二週間でした。

○「髪のチェック」を終えて

・髪が傷んでいる人が多く、ビックリしました。私の髪も傷んでいました。髪が傷むことを考えます。

・今回の検査で、いい刺激になり、多少自覚できたのではないだろうか、やってよかいました。

・上の髪が弱くて前髪が強いという結果になったけど、もしかして、これって危ないのだろうか？

・皆が自分の髪について興味、関心をもってくれたことがうれしいです。

・女子より男子のほうが健康な髪！

・髪は見た目ではなく、こんな検査をしてときには自分の髪をチェックすることが大切ですね。

○「文化祭の活動について」保健委員の感想

・展示したグラフのことがとても印象に残っています。たった二枚と思っていたグラフが予想以上にむずかしく、時間がかかってしまいました。とくに、絵の具を使うことが大の苦手としている僕としては、グラフに色を入れるところがとてもむずかしく感じました。

・保健委員として、僕ができることを考えた。一四項目の質問を得意の習字で書くこと。部活の練習でみんなとは活動できなかったけど集中して書けたと思う。保健室の筆より自分の筆のほうがいい字になったと思う。

・文化祭お疲れ様です。保健委員の仕事は、はじめ、面倒だなぁと思ったけど、やってみると、色ぬりは、けっこう楽しかったです。でも私は、色ぬりは下手くそで、汚くなってすいません。あと、教室にいろんな資料を貼るとき、押しピンをたくさん曲げてしまって本当にすいません。文化祭当日に、髪の健康チェックをしたら、意外と不健康でショックでした……最後に保健委員でやることはないと思ったけど、けっこう大変で楽しかったです。

・グラフの作成は面倒だったけど、楽しかったと思う。自分の作品が貼り出されるのは少し恥ずかしかったけど……。当日の係は客の相手をするよりも、自分の髪の検査に夢中になってしまいました。保健委員は意外と疲れる。

・髪の検査はしてよかったと思いました。どれだけ大切にしているかしていないかがわかり、とてもいい検査だったと思いました。今回初めて保健委員になり、放課後残ったり、文化祭の出し物のために協力し合うということは、とてもいい経験となりました。

・文化祭の準備で、髪についてグラフの作成をして、みんなのアンケートの結果を知ることができ、いい経験だったと思います。グラフの作成は、思ったより大変で、何回も失敗したりしたけど、よいものに仕上がりました。

この文化祭で取り組んだ「あなたの髪は健康ですか?」の実態調査は「茶髪、パーマを取り巻く諸問題」として十二月の学校保健委員会のテーマにつなげられていくことになったのです。

◆揺れ動く時期、確かな足取りをみつけて

今回の文化祭の全校テーマは「超薩長同盟」でした。本校は鹿児島商業高等学校との姉妹校交換行事を行なっています。生徒会による「超薩長同盟」は、それぞれの学級が姉妹校に対して思いを託そうという狙いがあったのでしょう。各学級の模擬店には薩摩汁や焼き芋と鹿児島の料理や農産物が出店していました。保健委員会も「超薩長同盟」にちなんで何ができるか模索していました。そこへ大学の進学校で悩んでいたM君。進学への思いをぶつけながら保健室来室記録簿の裏にミッキーマウスのいたずら描きをしていました。「絵の才能みっけ、今度の文化祭でぜひその才能を生かしてみんかね」「鹿児島か、先生、インターネットで探してもええか」翌日から鹿児島めぐりを始めたM君。「超薩長同盟」にこじつけて鹿児島と下関の名所の下絵ができあがり「さて、この絵をどう生かすかが問題やね」「展示会場に入り口、出口の案内板があるように、山口弁だったらおいでませ?」「鹿児島商業の生徒やったら、やっぱ鹿児島弁のほうがうれしいと思うが……」垂れ幕班が昼休み集まっては構想を練っています。放課後には保健室前の廊下には一二枚の大判用紙がつながれ「ゆくさおじゃったもした」の文字が書かれ、鹿児島と下関の名所が字の間に鮮やかに描かれていました。部活や学級の準備、進学を控えて精神的にゆとりがない生徒たちが、この垂れ幕づくりだけでも、学年をこえ、一つのものをつくっていこうと集中した日々を通じて『自分ができることを今、精いっぱいやってみよう』という精神を培っていったように思います。大きな垂れ幕は二日間、落ちることなく廊下に掲示されていました。保健委員会の会場に来られた人々を「よう、おいでました」と歓迎する言葉として。

その後のM君、大学の進学に二度も失敗し、それでも大学への編入が可能な短期大学をめざし、無事合格を手に入れました。あきらめることなく、初心を貫くこと、「ゆくさおじゃったもした」に取り組んだときのように自分の知らないこと・未知の世界に挑戦し、そのなかで自分自身の新しい発見をしながら、そのなかで見えてきたことを自分なりの表現方法で主張していくことの楽しさを忘れないでいてほしいと願っています。

4. 保護者や地域と共同の広がりを求めて

◆「何か一緒にできることはないだろうか」の声に応えて

毎年、仮入学（＊）やPTA総会に保健室から生徒の実態を伝える機会を積み重ねてきました。総会後、校長室に集まったPTA役員の方から「総会に参加した親だけではなく、全体の学習会を開き、共同で子育てについて考えていく時期ではないだろうか」「何か一緒にできることはないだろうか」

と校長に申し出があったのです。創立一二〇年の歴史あるＰＴＡの委員構成は研修・文化・教護部で組織されていましたが、今年度から教護部から育成部に変わり、活動内容について検討しているとのことでした。役員会や文化祭の準備後、保健室に集まっては、近年の親と子の事件を通して「今、子育てに何が必要なのか」という視点から「一人ぼっちの子育てではなく、悩みがあるときはＰＴＡに相談しよう。こんな関係をつくりたいね」と、会話を深めていきました。

＊仮入学とは：「本校に入学予定をしている生徒の事前説明会」が春休みに行なわれ、新学期に向けて準備することなど、諸注意をそれぞれの分掌（生徒指導・進路・保健）から説明します。その後、教科書や体操服、学割などの購入となります。この一連を「仮入学」といい、学校行事に位置づけています。

本校の学校保健委員会は「一年間の流れのなかでとらえよう学校保健委員会」という視点で毎年行なっているのですが、課題は保健室からの発信で止まっており、「行動」に結びつく広がりをどうつくり出すのかが課題としてありました。学校保健委員会の開催までの準備などもたしかにスムーズに運んではいましたが、課題が課題に終わり、「行動に結びつく広がり」という面に結びついていなかったように思います。これからの学校保健委員会は「つなぐ」をテーマに「共同で子育てについて考えていこう」という共通認識のもとに開催し、校内やＰＴＡに、お互いに共同することが必要だという意識を広げていく取り組みにしなければと思うようになっていました。

◆学校保健委員会に生徒の参加を求められる

昨年の学校保健委員会で、「来年からは、生徒にも聞いてもらいたいことがある、来年は生徒の同席を期待する」「健診上での問題点をフィードバックしてこそ、学校保健機能の向上につながる。そのためには生徒の理解が必要。同席することを望む。問題点を絞って、納得するような答えを出し、考察することにより向上させることが必要。学校教育は個人を育てることの最後の砦である」などの課題が出ていました。たしかに、保健室に訴えてくる一人ひとりの生徒の問題は一部の生徒の問題ではなく、生徒たちのなかに広く広がっている問題であることが多く、まさに氷山の一角であることを痛感させられます。こうした生徒とのかかわりや、健康診断を含め学校保健活動全体を通じてつかんだからだと心の問題を検討し、一人ひとりの健康・発達をていねいにとらえ、保護者、学校、地域と連携するなかで、それぞれが「何を為すべきなのか」を探り、何よりも生徒自身をまきこんだ生徒主体の健康教育に発展させていくことが重要な時期と考えました。

◆指導でなく健康を守る視点で

学校保健委員会では、「どう変わった？　子どものからだから生活が見えてくる～学校・家庭・地域をつなぐ～」のテーマでシンポジウムを行なうことの大筋は決まったのですが、何をメインとしてディスカッションしていくのか、ここでも第一案と第二案を提示し検討することから始めました。前者は保健委員会の文化祭での活動を継承していくもの、後者は二〇〇四年度の健康生活実態調査（五月新体力テストより）から全国比較と時系列の比較から生徒の健康実態をとらえていくものでした。今年の学校保健委員会には生徒を参加させていくことには一致の方向で動いていましたので、生徒の活動を生かした、生徒の身近な健康課題を取り上げていこうと第一案が決まったのです。

前回の学校保健委員会のシンポジウムは、私の進行で行ないました。和気あいあいでよかったのですが、初めての経験から、シンポジウムの形式に則ったミーティングに進行することができず、「進行係なのか、オーガナイザーなのか。オーガナイザーとしての役割ではなかったのでは……」と、終了後、学校眼科医の植田先生から鋭い指摘を受け、眼科学会などの経験が豊富な先生から「来年は一緒にオーガナイザーをやってみませんか」とお誘いを受けていたのです。早速、教科会議の方針を受け、植田先生から学ぶ絶好の機会ととらえ、二学期の生徒保健委員会の活動から学校保健委員会につなげていく過程の説明に行きました。生徒の茶髪・パーマの実態から生徒指導の観点からのディスカッションではなく、あくまでも「生徒の健康を守る」という観点で、学校保健委員会が開かれるということを、何度も足を運んで確認していきました。学校側のシンポジストは生徒指導部の服装検査担当に主旨を説明し、実態調査をもとに生徒の健康課題に沿って抄録をお願いしました。ＰＴＡの育成部長にも同時に連絡し、シンポジストの選出と文化祭の準備で集まる会で育成部として学校保健委員会にかかわることの説明と協力を依頼しました。育成部長との話し合いのなかで、参加の有無に関係なく親としての思い・感想をぜひ聞いてほしいと要望が出ました。育成部としての活動が動き始めていることを感じました。

最後のシンポジストの選出は、学校・家庭の動きを構成していくなかで、地域からの専門家として、植田先生の紹介で皮膚科医の原先生にお願いすることとなりました。原先生は学校に出向いての講演は初めてのことということで、先生のところへ何度も足を運び、「実態調査から何を生徒に学んでほしいと思っているの？」といった先生の質問にたじろぎながら、「茶髪・パーマをしたいという生徒の気持ちを否定しているわけではありません。ただ植田先生とコンタクトレンズの学習をやってきて、自分の目に関心をもち、生活のうえでうまく付き合っていく方法を学んでいる実態があり、頭髪や頭皮の障害例から今、やるべきなのかどうか、判断力をつけてもらうために、大人からのメッセージを伝えていくことが今、大切な時期と思っているのです」と今回のシンポジウムの主旨を説明しました。原先生から「今、生徒を取り巻く健康課題は、皮膚科医としては高校生の性感染症です。高校はどう思っているのかしら……」といった指摘も受けながら、最終的に「やりましょう」の返事がいただけたときには、先生との対話のなかで抄録はできあがっていました。これで三人のシンポジストが決まり、あとは校内での運営委員会、職員会議での生徒参加の方向を打ち出すことになるのです。

生徒参加の学校保健委員会は、初めての試みです。三六名の保健委員は全員、実態調査から文化祭の準備とかかわってきました。そのつど、生徒の活動実態を保健だよりで全校へ発信してきました。生徒の参加については、「全員参加したらいい」とか「代表の二、三名ではどうか」という意見もありましたが、否定案は全くありませんでした。職員会議で十二月九日の当日は特編授業が組まれ、午後は授業カットが打ち出されました。全員の参加体制はとれるのですが、「保健委員全員の問題として生徒に参加要請をさせてください。参加するか、しないか、生徒自身に決めさせたいのです」ということで合意を得ることができました。

文化祭が終わってから学校保健委員会当日まで一カ月です。髪の実態調査からシンポジウムの資料までパワーポイントにまとめていきました。オーガーナイザーの植田先生もイントロダクション用のスライドを作成され、皮膚科医の原先生も前日まで資料やスライドを作成され、すべての場所で「いいものをつくりあげ、生徒たちに見せよう」と、本業の合間、学校保健委員会に向けて全力投球の毎日でした。

生徒たちにも「自分たちで髪の実態調査を行ない、まとめたものを文化祭で展示発表してきました。その実態調査からシンポジウムを行ないます。本物のシンポジウムです。一連の活動を自分の目で確かめ自分なりの考えを培う機会にしてほしい」と訴え、二〇名の生徒が参加の意思を表明してくれました。当日は、開始まで保健室を待機場所としました。生徒たちは熱心に資料を読み直していました。

前日と当日のタイムテーブルの最終確認も、きちんと会議としての位置づけを行ないました。教科会議に提案し、保健体育部内で準備していくもの、全体の流れとして確認すること、それぞれの分担で準備していきました。前日や当日は養護教諭がバタバタ走り回らず、全体を見回すくらいの余裕をもって計画を立てること。全体を見回すくらいの余裕とは、それぞれの分担が何をすればいいのかを把握しておけるよう、つねに最終目標に向けた手立てを提案できることが大切だと思います。当日の玄関での出迎えを一手に引き受けていただいた事務室のみなさん。会場には冬の花がそっと置いてありました。心配りに感謝、感謝。

〇保護者の声

・若いときは、何も手を加えなくても、肌・髪など美しいので、わざわざ髪を傷めるような行為をしなくても……と思いますが、最近は染髪用品が手頃な価額で簡単に入手できるため、茶髪にする子どもたちが増えているように思います。お酒、タバコのように二十歳未満には販売しないという規制は無理ですので、若いうちから、染髪・パーマを繰り返していると、早いうちから脱毛等が始まるといったように、髪へのダメージを教える授業などあればよいと思います。

〇学校保健委員会に参加して・生徒保健委員会

・現在の高校生は、他人からの見た目・反応・評価などをすごく気にしています。実際や現実がどうであるかというよりも、まわりの人から高い評価を得ることが自分の存在価値であると判断しているような気がします。

・化粧や染髪・パーマなど、店で売られる品数も豊富で、値段も安くだれにでも手に入れることができるということで、人よりもよく思われたいというそれぞれの意識が学校内でも学校外でも競い合うかたちになっています。

・学校では服装頭髪検査がありますが、みんなその日だけ校則違反のないようにしており、それが終了したら元の現状に戻ってしまうというのが実態です。そこで先生方や、保護者の方が、これはダメと言い抑えるのではなく、高校生の意見を聞いたうえで、また言い分なども理解したうえで、話してみるのはどうでしょうか。

・私の意見としては、本人が納得していないから、改善されないのではないかと思います。自らの過ちに気づき、納得することができれば、少しずつ変わってくるのではないかと考えます。先生方や保護者の方から見れば、高校生が化粧や染髪・パーマなどをすることは、おかしいと思う方がほとんどだと思います。言い方はわるいかもしれませんが、時代は今であって昔ではありません。この時代のなかで、そのことを十分に考えてもらい、高校生のいきすぎた行為に歯止めをかけてくださるかが、大切だと思いました。

・このシンポジウムで、髪を染めたりパーマをしたりすることは本当にこわいものだとわかりました。染色液やパーマ剤が、頭皮に限らず全身の皮膚に大きな負担を及ぼすということを初めて知り、ストレートパーマをかけている私はドキッとしました。よく美容室の広告で、特殊な液体を使っているので髪へのダメージは少ない、と書かれているものを見ます。でも今回の話を聞いて、特殊な液というものがこわくなってきました。なのでこれからは、なるべくパーマなどはさけていきたいと思います。
・いつもは頭ごなしに「あれはだめ」「これはだめ」と言われてきたけど、それでは生徒は納得いかなくて、それを繰り返すばかりでした。今日は、きちんとした意見が聞けて本当によかったし、納得できました。学校保健委員会に出て、本当によかったです。

○学校保健委員会後のまとめ

今回の調査結果は、生徒保健委員会の活動で取り組み、十一月の文化祭で展示発表しました。生徒の「文化祭を終えて」の声にあるように、まとめていくなかで全校生徒の実態を身近に知ることができたこと、そして何より自分の髪の健康について知らなかったことを発見できたという感想が多々あります。ただ展示資料をつくっていけばいいという気持ちから、「わかるようにつくりたい」「苦手だけれども挑戦してみよう」など、物づくりの大変さやおもしろさも実感していたように思います。また、商業教育でいちばん大切な「人づくり」の理念、生徒どうしの人間関係の育ち合いが委員会活動にはあるように思います。今回、最終的にはこのようなシンポジウムのかたちにつなげ、地域の専門医、保護者、学校医、教職員が論議する機会に参加できたことに、だれもが驚きの声をあげていました。茶髪・パーマに関して自分の意見を素直に表現しており、学校保健委員会後の感想は、明らかな変化を感じました。この生徒たちの声を真摯に受けとめ、保護者、教師間で十分な理解をもって、今後の指導のあり方を検討していくという課題が浮き彫りになり、今後、学校生活全体にかかわる委員会活動の方向性をもっと明確に提示し、健康への認識や一緒に力を合わせて健康を守り、未来を切り開いていく力をさまざまな活動から育んでいこうと思います。

5. 子どもが育つ　養護教諭が育つ　委員会活動

◆三年間保健委員を通したT君

T君は三年間保健委員に立候補し、登校するやいなや保健室へ、毎日のように毎時間の休憩時間に訪れる生徒でした。三年間、同じ委員に立候補することは異例のことですが、三年間クラス替えのない情報処理科に在籍していたT君の立候補は、容認されていたようです。

「なぜ、保健委員なのか」ということは、T君が保健室を居場所として求めていたことが原点でした。小学校のとき、家庭の事情で母方の実家に転居したT君は、学校になじめず、いつも一人ぼっちだったといいます。小規模校の学校ゆえ、ほとんどが気心のわかっている子どもたちの間で、転校生はめずらしく、彼らがかかわろうとしても、事情を抱えているT君にはまだ受け入れられる余裕がなかったのでしょう。逃げるように避けていたことが、中学校に行っても「からかいの対象」だったといいます。人とかかわることに自信をなくしたT君にとって、高校での保健室は居心地のよい空間だったようです。保健室に来る生徒の大半はそんな生徒たちです。何も話さなくとも、空気で相手の立場がわかるという、不思議な現象が、ここ、保健室にはあったようです。授業に出たくないとやってくる生徒と違って、授業開始のチャイムがなると、やりかけていた仕事の片付けもせず一目散に教室へ帰っていきます。しかし、同じ空間にいると、一つのことに集中が長続きせず、すぐに「飽きた」という態度で逃げ腰になってしまうT君の様子から、彼の育ちの幼さを感じていました。昼休みの保健委員会にはいちばんにやってくるのですが、みんなが集合するころには、まわりをウロウロし、話のなかになかなかはいってきません。

一年次の後期委員会の活動が始まったとき、T君が保健室にいちばんにやってくることに期待して、委員会の準備を任せることにしました。活動の段取りを説明し、椅子の準備をしたり、プリントを配ったり、みんなを待つ係です。次の休み時間に目標をもって行動ができるよう、会議は余裕をもって終了し、最後の片付けもT君の仕事としたのです。次につなげるために……。

保健委員会の日常活動（アルボースせっけん液入れ）も一手にT君が受け継いでくれました。一人での行動は逃げ腰だったのですが、私と一緒に行動するなかで、T君はトイレの環境に目を広げていきました。トイレットペーパーは芯から外れて床に放置されたまま、ガムは吐き捨ててあるし、ペットボトルは手洗い場に置き忘れの実態。「先生、女子のほうははいれんけん、見てきてくれ。どうなっちょる?」「女子のほうは脂とり紙が散乱しちょるよ」と、ありのままの実態をお互いに出していきました。点検表の○×だけでなく、この結果を写真撮影で知らせていく方法を、T君から提案してきたのです。週一回、同じ場所がどのように変化していったのか、写真撮影で追跡をし掲示しました。トイレの掃除当番に任せるだけでなく、「気持ちいい」を一人ひとりの生徒が、目で確かめ、自覚していく取り組みでした。同時に保健だよりを通じてＴ君の活動を全校に知らせていきました。

あなたは快・不快……どっちのトイレ⁉

後期保健委員会は「勉強できる環境を整えよう」をテーマに活動を開始しました。みんなは気がついていると思いますが、昨年からコツコツとトイレの手洗い場のせっけん液や手洗い場の清掃を一手に引き受けてくれているＴ君。Ｔ君が点検したあとは、気持ちのよいトイレになっているでしょう。毎回、水に濡れたトイレットペーパーやタイルに捨ててあるガムを拾いながら「快適か不快か知らせる手立てを考えよう……」ということになり、不衛生な状態と不快な部分を写真に撮ることにしました。どうも男子のほうが使い方がわるいように思います。「不衛生な状態のトイレットペーパーは細菌などで汚れてしまい使うことができません」トイレのなかに転がっているトイレットペーパーはいつまでたってもそのまま。しばらくは写真を撮り生徒保健委員活動板に貼ることにしました。視覚から不快についてお互いに考えていく材料にし、自分たちの手で次の人に快適な個室を用意しませんか。

二年次、Ｔ君はまたも保健委員。今度は保健委員長に立候補してきたのです。保健室の常連として全校の有名人になり、保健室に行けば必ずＴ君がいることが不思議ではない光景でした。日常活動を共にする仲間に対しても、少しずつではありますが、Ｔ君の心に相手を受け入れられる余裕を感じるようになりました。

校内でそれぞれの部活動が新旧交代の時期を迎えたとき、ボランティア活動（ひまわり号を走らせる会とは「列車で障害者とボランティアが一緒に旅に出て一日を過ごそう」という運動です）を通じて青少年赤十字活動（ＪＲＣ）の部活顧問の先生とは、公私ともにお世話になっている間柄だった私は、迷わずＴ君の次なる活動の場をＪＲＣ部に決めていました。とはいえ、最終的にはＴ君が選択するものです。ただ、学校生活におけるＴ君の広がりを、Ｔ君自身が開拓していかなければならないということ、そして、保健委員会で培った「彼のなかで動き出したもの」に自信をもって、次なるハードルに挑戦できる時期だということを感じていました。

学級の各委員会は、だれもが経験をするために、年度を通じて同じ委員会を繰り返すことはできないのですが、Ｔ君の自らの立候補を尊重し、Ｔ君にとって保健室が必要と判断した学級担任や、授業後、一目散に保健室に行くＴ君を、そっと見守ってくれた学級の仲間たちに支えられ、二年生の後半期、Ｔ君は羽ばたいたのです。「ボランティア活動を一緒にやってみないか」と、ＪＲＣ部の顧問から、社会福祉協議会からの障害をもっている子どもたちの保育ボランティアのお誘いがかかったのです。夏休みに生活一般の一日保育実習を終えたばかりなので、「先生、今度、ボランティアに行ってみようかな？」と、不安な様子から迷っているものの、子どもたちを相手にするということで、少しの自信さえ感じました。その後のＴ君は、新入学生の部活紹介を手話で行なったり、街頭募金を人一倍大声で訴えたり、三年生になったときはＪＲＣ部の部長になっていました。相変わらず保健委員に居座りながらも、そして部活顧問にしりをたたかれながらも、卒業を前にしてＴ君は大学の保育科を受験し、この春から大学進学を自らの手で選択したのです。

この三年間を振り返って、保健室を居場所として通い続けたＴ君に自立していく力を育んでいったもの、それは、保健室だけでなく、同じように彼を見守り支えてくれた職場の仲間たちの存在と、保健室に根気強く通ってくるＴ君に、決して諦めない、投げ出さないと、日々かかわり続けた取り組みだったと思います。そして、生徒は生徒どうしに依拠して成長するということに、確信をもたせてくれたこれまでの卒業生たちのすてきな思い出が、保健室にはいっぱいあるからだと思っています。ここを卒業したら「自分を理解してくれる大人に出会えること、無理やったらいつでも顔を見においでよ」と、こんな私の独り言にも、笑いで吹き飛ばしているＴ君。

卒業新聞にはＴ君からのメッセージ「高校生活、保健室で始まり、保健室で終わり。三年間ありがとう」を届けてくれました。

◆生徒が主人公になれたとき

「帰らせてくれ」「寝かせてくれ」「クソババァー」「ムカツク」「意味がわからんちゃ」「微妙」など数々の名言を吐き捨てて、保健室を飛び立った生徒たち。そのときどき「あんたは准保健委員じゃけん」と言いながら、「才能みっけ、みんなにも教えて（折り紙の得意な生徒）」「保健だよりのカットに使っていい？（絵の得意な生徒）」「さあ、帰る前に健康掲示板の貼り替えを頼むよ（帰宅部の生徒）」と活動のメニューを示しながら抱きしめてきました。次々に出てくるアイデアに生徒たちは、「先生って本当にドラえもんみたい」と言います。そう、私は「なんでも叶えてくれるドラえもんの不思議なポケット」を持っているのです。聾学校の二〇年間で学んだ私流の工夫は、ここでも十分その成果をあげています。聞こえに障害がある生徒たちではないのですが、一方通行の会話や人とのコミュニケーションが不得手であるなど、揺れ動く高校生の発達は、毎日がすべて新鮮で、一人から集団へと広がりをつくっていく楽しさを十二分に味わわせてくれました。生徒たちの今まで培ってきた知識というものを、人とかかわることで「気づかせる」「何と結びつけて広がりをつくっていけるのか」実体験として学んだことが、将来、必ず人生のなかで生かしていけるものであるよう願っています。どの子も保健委員会の活動のなかで「あんたが主人公」になれたとき、次の成長に向けて生徒自身が歩み出した一歩だととらえています。

◆生徒の健康課題は生徒主体で

ミニ学習会を計画し、実践してきた保健委員会の生徒たちが、文化祭での発表の取り組みを通して、校内に健康教育の礎を不動のものにしてきました。今は一年間の流れのなかで、生徒自らの健康課題に向けて取り組む姿勢も生まれ、保護者や地域との連携のなかで、高校生としての生き方を提言できる力を育んでいるように感じます。生徒主体の活動が一二〇年という歴史ある、この高校で初めて生徒の健康課題は生徒主体でという風穴を開けてくれたように感じています。

保健委員会活動の経過表を次ページに掲げますので、参照ください。

◆保健委員会のなかで育つ

今回、本校の生徒保健委員会活動の実践をまとめるにあたって、高校における保健委員会の存在の意義はどこにあるのだろうと考えてみました。時間に追われながら機械的に流れていく健康診断に「いたしかたない」と思いながらも、「学校医をパートナーに」とミニ学習会の視点に発展させてくれたのは、自分の健康課題をみんなの共通財産として共有したいという生徒の思いでした。保健委員会主催のミニ学習会を積み重ねていくうちに、生徒自身が新たな疑問を追究し、環境を整えたり、改善策を学校に要求したり、解決に向けて英知を結集した力を、活動を通して学んでいきました。生徒保健委員会の一連の活動が、地域や学校・保護者をまきこんでの活動につなげていけたのも、生徒自身の「生きざま」を、さまざまな場所で発信し、大人から共感を得られたことも忘れてはならないと思っています。その任を背負っているのが、保健室であり、生徒保健委員会のなかで育つ、子どもたちの感動が、いつかは人をも動かすことができる原動力があると確信しています。「時間がない」ではなく、そのなかで生徒主体による活動を生徒自身が確保していける力を支援していくことも大切であり、職場における養護教諭の役割もますます重要になってくると思います。

保健委員会活動の経過

	1999年 11年度	2000年 12年度	2001年 13年度	2002年 14年度	2003年 15年度	2004年 16年度
5月	健診後 アレルギー性結膜炎	健診後 ミニ学習会 保健委員会主催	健診後 ミニ学習会 保健委員会主催	健診後 ミニ学習会 保健委員会主催	健診後 ミニ学習会 保健委員会主催	健診後 ミニ学習会 保健委員会主催
	咄嗟のミニ学習会 (この時の参加は該当生徒) ・掲示板担当の保健委員に急遽参加要請	学習会の対象を全校から学年(1年生対象)	学習会の対象を全校から学年(初めてコンタクトレンズを装用する生徒)	環境整備の要求 手洗いの学習会	眼科学校医からコンタクトレンズ実態調査の依頼 11年度の比較	「おしゃれ障害」としての広がり
7月	初めて「目の学習を終えて」の保健だよりを作成 眼科学校医からコンタクトレンズ実態調査の依頼	「目の学習を終えて」の保健だよりを作成	「目の学習を終えて」の保健だよりを作成	保健委員会のトイレ・手洗い場の点検の開始	保健委員会で集計作業	
9月	保健委員会で集計作業			文化祭でからだのおもちゃ館	11年度との比較により行動変容を認める	髪の実態調査集計していく中で文化際で展示発表していこうまとめる
11月	集計していく中で文化際で展示発表していこうと決まる 文化祭展示					
11月末	学校保健委員会のテーマとして交換		3年生を対象に実態調査(1年次との比較)		学校保健委員会で「子どもの実態をどう捉える」のディスカッションの抄録としてまとめ発表	学校保健委員会に初めて生徒が参加し，意見表明した

あとがき

私たちは、山口大学の友定先生にご指導を受けながら、だれでも参加できる「保健実践研究会」での学びを続けてきました。この研究会がもとになり、全養サ山口集会を機にサークルができたのです。実践を持ち寄って学びを続けるなかで、「子どもたちに、自ら課題を見つけ、自ら学び、自ら考え、主体となって問題の解決ができるような力をつけてほしい」という願いをもつようになりました。実践を進めるのに大切と考えてきたのは、「子どもたちに何を育てたいのか、願いを明確にもつ」「その願いを、子どもを取り巻く多くの人たちと共有し、共同する」ということでした。そして、このことを実現するためには、保健委員会活動の実践がとても有効であるということを、仲間たちのレポートから学ぶなかでわかってきました。私たちのサークルそのものが、まるで保健委員会活動のように、さまざまな考え方のものがつながり、学び合い、課題に向かい、成長してきました。そんな仲間たちの優れた実践を書籍にすることができました。ここに載っている実践は、おもに私たちの研究会でレポートされ、多くの仲間で何度か検討を重ねたものです。だから、私たち山口の仲間は、書籍の発刊を自分のことのようにうれしく感じています。一人でも多くの方に目を通していただき、ご批判やご指導、ご感想をいただきたいと思っています。

最後になりましたが、ご尽力くださいました農文協の書籍編集部の皆様、全養サ書籍委員の皆様、そのほか力を貸してくださった方々、ありがとうございました。

山口サークル　佐伯里英子

〈健康双書〉

全養サシリーズ
発刊のことば

「全国養護教諭サークル協議会」は、一九七〇年に発足しました。この会は、「子どもの健康を守り発展させる」ことを願って、毎年一回研究集会を各地で開き、実践・研究の交流をつみ重ねてきました。

「子どもたちのからだと心の健康・発達の問題がより深刻さを増す中で、子どもに寄りそい、地域の現実に根ざした健康教育の実践をまとめて、教師、父母、国民全体に広く問題を提起し共に考えたい」という願いから、双書として単行本を企画・発行することにしました。

子どもたちのすこやかな成長・発達と健康に生きる力を育てたいと願うすべての人びとに役立つことを願ってやみません。

全国養護教諭サークル協議会
書籍編集委員会

[著者紹介]

徳本妙子（とくもと・たえこ　第１章執筆）
山口県出身。現在，山口県・周南市立今宿小学校養護教諭。

藤本恵子（ふじもと・けいこ　第２章執筆）
1963年生まれ。山口県出身。現在，山口県・本郷村立本郷小学校養護教諭。

玉谷幸子（たまたに・ゆきこ　第３章執筆）
1965年生まれ。山口県出身。現在，山口県・山口市立宮野小学校養護教諭。

竹野内さくら（たけのうち・さくら　第４章執筆）
中学校養護教諭。

石田法子（いしだ・のりこ　第５章執筆）
1951年生まれ。山口県出身。現在，山口県・下関商業高等学校養護教諭。

保健委員会は私の教室
―子どもが育ち　養護教諭が育ち　学校が変わる―
健康双書＜全養サシリーズ＞

2005年8月5日　第1刷発行

企　画　全国養護教諭サークル協議会

著　者　徳本妙子　藤本恵子　玉谷幸子
竹野内さくら　石田法子

発行所　社団法人　農山漁村文化協会
郵便番号　107-8668　東京都港区赤坂7丁目6-1
電話 03(3585)1141(営業)　03(3585)1145(編集)
FAX 03(3589)1387　振替 00120-3-144478
URL　http://www.ruralnet.or.jp/

ISBN4-540-05172-5
〈検印廃止〉

製作／㈱河源社
印刷／㈱光陽メディア
製本／根本製本㈱
定価はカバーに表示

農文協・〈全養サ〉シリーズ

小学生のSOS　そのとき大人は？
からだも心も生き生きさせたい・保健室からのメッセージ
荒井益子・輪の会・小西穎子著　1400円
生活環境の悪化は子どもの心身にあらゆるトラブルをもたらす。保健室で見たSOSとその対応。

中高生のSOS　そのとき大人は？
ゆれ動く思春期の悩みにより添って・保健室からのメッセージ
全国養護教諭サークル協議会編　1400円
いまやどの子がどんな問題を起しても不思議ではない中高生の本音を知る養護教諭からの警告。

中高生の薬物汚染　知るべきこととできること
水谷修・原田幸男・関紳一・吉岡隆・近藤恒夫・森野嘉郎著　1300円
『病的依存』を生み出している家族・学校・地域社会の在り方をも問う。

保健室だから見えるからだとこころ〔小学生編〕
渡辺朋子・松木優子・及川和江著　1300円
難病、不登校、OD症、低体温、視力不良など、からだをベースにして心のケアに取り組む養護教諭。

保健室だから見えるからだとこころ〔中・高生編〕
松村泰子・千葉たんぽぽの会・舟見久子著　1300円
性・薬物の問題からいじめ・不登校まで、悩む現代っ子を心身両面から支える養護教諭達の奮闘。

親、子、教師　みんなで取り組む性教育
岡多枝子・山田桂子著　1300円
〝共育〟としての性教育をめざし、学校ぐるみ、地域ぐるみ築き上げた生と性の授業実践の記録。

いのちと愛をはぐくむ性教育
田中紀久美・小西美津江著　1350円
性はセックスや性器のことだけではない——人間の体と心、生き方全てを科学的、感動的に学ぶ。

中学&高校生　エイズと性を学ぶ　「性」と「生」をつなげて
武田聖・寺嶋理恵子・布川百合子・鈴木世津子・児玉悦子・廣井直美・増田かやの著　1330円
中学、高校でのエイズ授業の実践紹介と性交、妊娠、避妊、出産、中絶など相談ごとへの対応満載。

「総合」だからできる「生と性の学習」
みんなで見つめたいのち・からだ・こころ
岩辺京子著　1300円
「生と性」をテーマに、「総合的な学習の時間」を先取りした小学校の実践を養護教諭が報告。

「エッチなこと」から「大切なこと」へ
中学校養護教諭の体当たり性教育
田中紗世著　1300円
行動はエスカレートするが知識は断片的な中学生の性。実態に見合う性教育を現場から提案。

（価格は税込。改定の場合もございます。）